영어 리딩 학습의 최종 목표는 … 향상에 있습니다.

학년이 올라갈수록 영어 시험 출제 … 리는 논픽션 리딩을 통해 다양한 분야의 어휘와 지식을 습득하고 … 수 있습니다. 또한 생활 속 실용문과 시험 상황의 복잡한 지문을 이해하고 분석하며, 나에게 필요한 정보를 추출하는 연습을 할 수 있습니다. 논픽션 독해력은 비판적 사고와 논리적 사고를 발전시키고, 영어로 표현된 아이디어를 깊이 있게 이해하고 효과적으로 소통하는 언어 능력을 갖출 수 있도록 도와줍니다.

미국교과서는 논픽션 리딩에 가장 적합한 학습 도구입니다.

미국교과서는 과학, 사회과학, 역사, 예술, 문학 등 다양한 주제의 폭넓은 지식과 이해를 제공하며, 사실을 그대로 받아들이는 능력뿐만 아니라 텍스트 너머의 맥락에 대한 비판적 사고와 분석 능력도 함께 배울 수 있도록 구성되어 있습니다. 미국 교과과정 주제의 리딩을 통해 학생들은 현실적인 주제를 탐구하고, 아카데믹한 어휘를 학습하면서 논리적 탐구의 방법을 함께 배울 수 있습니다. 미국교과서는 논픽션 독해력 향상을 위한 최고의 텍스트입니다.

탁월한 논픽션 독해력을 원한다면
미국교과서 READING 시리즈

1. 미국교과서의 핵심 주제들을 엄선하여 담은 지문을 읽으며 **독해력**이 향상되고 **배경지식**이 쌓입니다.
2. 가지고 있는 지식과 새로운 정보를 연결해 내 것으로 만드는 **통합사고력**을 기를 수 있습니다.
3. 꼼꼼히 읽고 완전히 소화할 수 있도록 하는 수준별 독해 훈련으로 **문제 해결력**이 향상됩니다.
4. 기초 문장 독해에서 추론까지, 학습자의 **수준별로 선택하여 학습**할 수 있도록 난이도를 설계하였습니다.
5. 스스로 계획하고 점검하며 실력을 쌓아가는 **자기주도력**이 형성됩니다.

미국교과서 READING

Author **Contents Tree**

Contents Tree serves as a distinguished English education laboratory devoted to supporting both English instructors and students. With years of experience in developing English programs, Contents Tree is committed to publishing a variety of teaching materials, including detailed manuals tailored for instructors, all aimed at enhancing the learning experience for students.

미국교과서 READING **LEVEL 5 ❶**

American Textbook Reading *Second Edition*

Second Published on March 11, 2024
First Published on June 19, 2015

Written by Contents Tree
Editorial Manager Namhui Kim
Development Editors Songhyun Park, Heeju Park
Proofreading Ryan P. Lagace
Design Sanghee Park, Hyeonsook Lee
Typesetting Yeon Design
Recording Studio YR Media
Photo Credit Photos.com, Shutterstcok.com

Published and distributed by Gilbutschool
56, Worldcup-ro 10-gil, Mapo-gu, Seoul, Korea, 04003
Tel 02-332-0931
Fax 02-322-0586
Homepage www.gilbutschool.co.kr
Publisher Jongwon Lee

ISBN 979-11-6406-698-8 (64740)
979-11-6406-697-1 (set)
(Gilbutschool code : 30569)

미국교과서 리딩

READING

LEVEL 5 ①

길벗스쿨

이 책의 특징 LEVEL 5 논픽션 독해 통합심화 단계

1 미국 교과과정 핵심 주제별 배경지식과 어휘를 학습합니다.

과학, 사회, 역사, 수학, 문학 등 미국 초등 교과과정의 필수 학습 주제를 선별하여 구성한 지문을 읽으며 논픽션 리딩 실력의 기틀을 마련하고 배경지식과 관련 어휘를 습득할 수 있습니다.

2 장문 독해 연습으로 주제에 대해 더욱 깊이 이해하고 구조화하는 고급 독해력을 기릅니다.

장문 독해는 주제의 다양한 측면을 탐구하고, 정보를 구조화하여 효과적으로 파악하는 능력을 강화하는 데 도움이 됩니다. 긴 텍스트를 읽고 분석·정리하는 과정에서 핵심 개념과 주요 아이디어를 시각화하고, 리딩스킬을 활용하는 능력을 기를 수 있습니다.

3 정확한 내용 이해에 도움을 주는 문법 요소를 학습합니다.

지문 속 주요 문법 요소 학습을 통해 문장의 구조를 파악하고 문맥을 이해하는 능력이 향상됩니다. 바른 해석과 정확한 문제 풀이로 독해에 더욱 자신감이 생깁니다.

4 Level Up 유형으로 상위권 독해 문제에 도전하여 문제 해결력을 높입니다.

추론, 문장 삽입, 의도 파악 등 영어 시험에서 오답률이 높은 상위 수준의 문제 유형을 도입하여 더 도전적인 난이도를 제공하였습니다. 깊이 있는 사고력을 요구하는 문제를 풀며 다양한 관점에서 문제를 바라볼 수 있는 시야를 기르고 더 높은 수준의 독해력을 기르게 됩니다.

5 2단계에 걸친 Summary 활동으로 핵심 어휘를 복습하고 내용을 정리하는 훈련을 통해 통합적 사고력을 기릅니다.

핵심 내용을 식별하고 시각적으로 정리함으로써 문단 간의 관계와 글의 구성 및 흐름을 파악하는 리딩스킬이 향상됩니다. 요약 활동을 통해 정보를 효과적으로 전달하는 능력과 학습한 어휘를 활용하는 능력이 향상됩니다.

자기주도 학습 계획표

Week 1

UNIT 1	UNIT 2	UNIT 3	UNIT 4	UNIT 5	UNIT 6
/	/	/	/	/	/

Week 2

REVIEW TEST	UNIT 7	UNIT 8	UNIT 9	UNIT 10	UNIT 11
/	/	/	/	/	/

Week 3

UNIT 12	REVIEW TEST	UNIT 13	UNIT 14	UNIT 15	UNIT 16
/	/	/	/	/	/

Week 4

REVIEW TEST	UNIT 17	UNIT 18	UNIT 19	UNIT 20	REVIEW TEST
/	/	/	/	/	/

이 책의 구성과 학습법

Before Reading

논픽션 주제와 관련된 이미지를 보고 간단한 배경지식 확인 활동을 통해 글의 내용을 예측합니다.

Warm Up

▶ 글의 제목과 사진을 통해 내용을 예측하고, 지문 속에서 학습하게 될 리딩스킬을 미리 확인합니다.

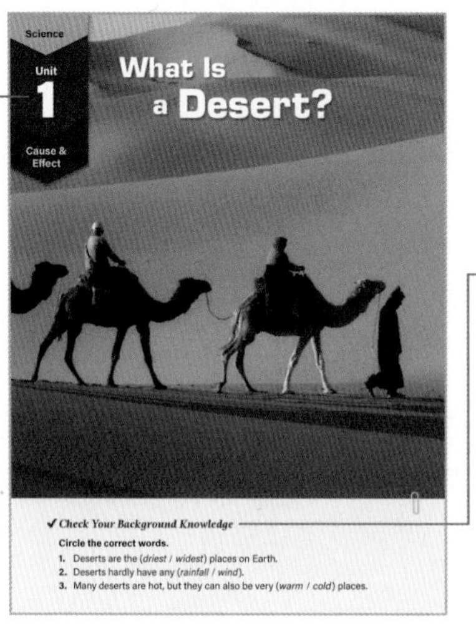

Check Your Background Knowledge

▶ 주제에 관련된 문장을 읽고, 문맥에 알맞은 말을 찾아보며 이미 가지고 있는 배경지식을 활성화합니다.

Reading

미국교과서 핵심 주제의 논픽션 글을 읽으며 교과 지식과 독해력을 쌓습니다.

QR코드를 스캔하여 정확한 발음 확인하기

Comprehension Checkup

▶ 글을 정확하게 이해했는지 다양한 문제로 확인합니다.

Reading Passage

▶ 음원을 들으면서 중심 내용과 세부 내용을 파악하고, 강조 표시된 중요 단어의 의미를 떠올립니다.

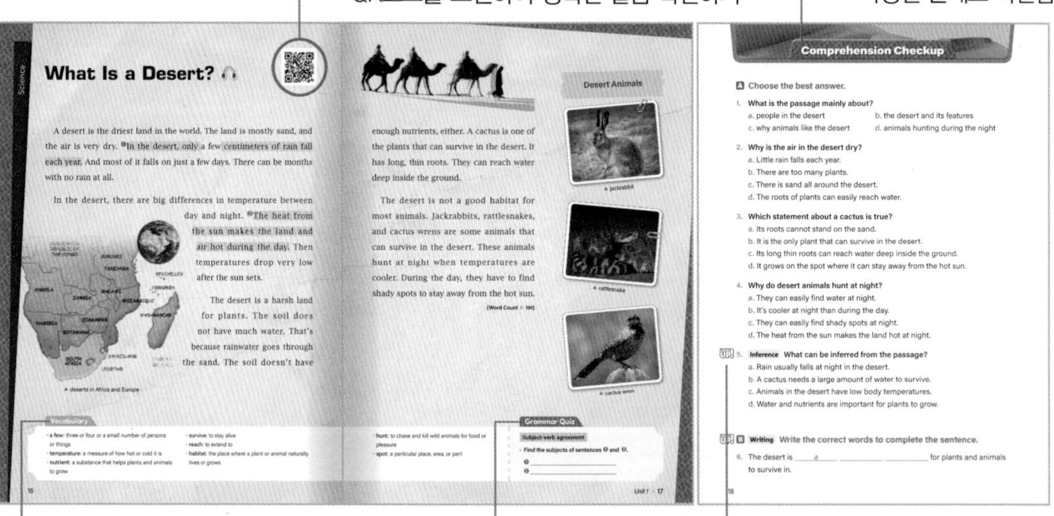

Vocabulary

▶ 지문 속 중요 단어를 듣고, 영영 풀이와 본책 맨 뒤의 단어리스트를 활용하여 의미를 확인합니다.

Grammar Quiz

▶ 간단한 문법 확인 문제를 통해 문장 속 문법 요소의 쓰임을 확인합니다.

Level Up

1) 추론, 문장 삽입, 글의 의도 파악 등 깊이 있는 사고력을 요하는 문제 유형을 통해 상위권 독해 문제를 경험합니다.
2) 읽은 내용을 한두 문장으로 요약하는 쓰기 활동을 통해 핵심 내용을 추출하고, 그 내용을 효과적으로 전달하는 문장 구성 연습을 합니다.

After Reading

단어와 문법 요소를 점검하고,
전체 내용을 요약하며 정리합니다.

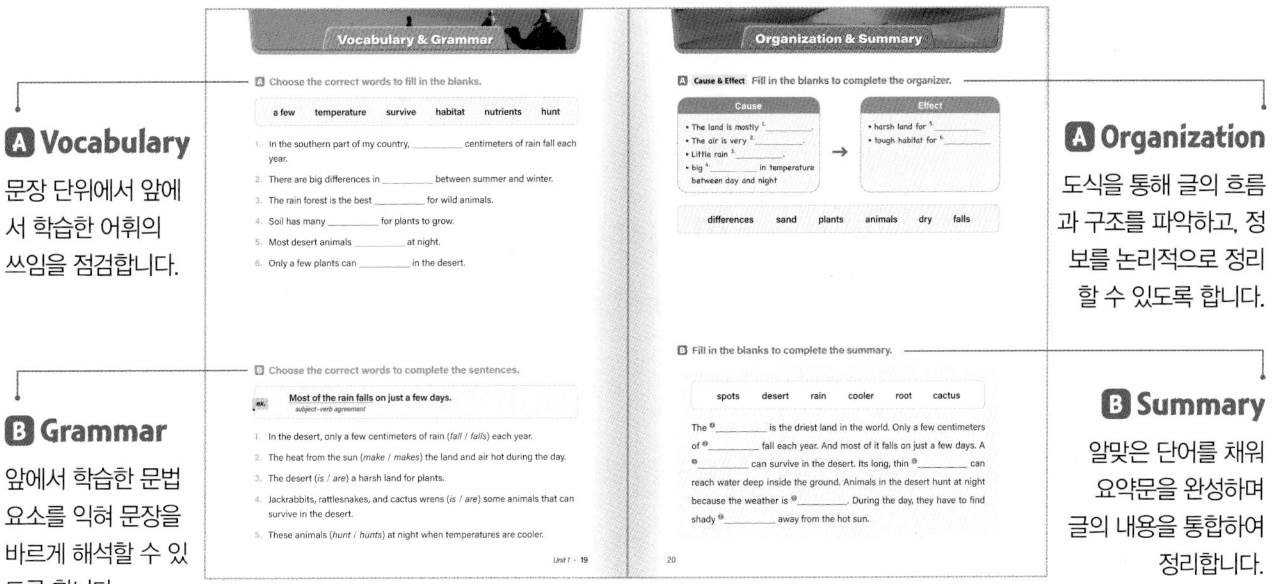

Vocabulary & Grammar

A Choose the correct words to fill in the blanks.

a few　temperature　survive　habitat　nutrients　hunt

1. In the southern part of my country, ________ centimeters of rain fall each year.
2. There are big differences in ________ between summer and winter.
3. The rain forest is the best ________ for wild animals.
4. Soil has many ________ for plants to grow.
5. Most desert animals ________ at night.
6. Only a few plants can ________ in the desert.

B Choose the correct words to complete the sentences.

ex. Most of the rain falls on just a few days.
subject-verb agreement

1. In the desert, only a few centimeters of rain (*fall* / *falls*) each year.
2. The heat from the sun (*make* / *makes*) the land and air hot during the day.
3. The desert (*is* / *are*) a harsh land for plants.
4. Jackrabbits, rattlesnakes, and cactus wrens (*is* / *are*) some animals that can survive in the desert.
5. These animals (*hunt* / *hunts*) at night when temperatures are cooler.

Unit 1 · 19

Organization & Summary

A Cause & Effect Fill in the blanks to complete the organizer.

Cause		Effect
• The land is mostly 1. ________. • The air is very 2. ________. • Little rain 3. ________. • big 4. ________ in temperature between day and night	→	• harsh land for 5. ________ • tough habitat for 6. ________

differences　sand　plants　animals　dry　falls

B Fill in the blanks to complete the summary.

spots　desert　rain　cooler　root　cactus

The ❶________ is the driest land in the world. Only a few centimeters of ❷________ fall each year. And most of it falls on just a few days. A ❸________ can survive in the desert. Its long, thin ❹________ can reach water deep inside the ground. Animals in the desert hunt at night because the weather is ❺________. During the day, they have to find shady ❻________ away from the hot sun.

20

A Vocabulary
문장 단위에서 앞에서 학습한 어휘의 쓰임을 점검합니다.

B Grammar
앞에서 학습한 문법 요소를 익혀 문장을 바르게 해석할 수 있도록 합니다.

A Organization
도식을 통해 글의 흐름과 구조를 파악하고, 정보를 논리적으로 정리할 수 있도록 합니다.

B Summary
알맞은 단어를 채워 요약문을 완성하며 글의 내용을 통합하여 정리합니다.

Review

4개 유닛마다 주요 단어의 쓰임과 문법을 복습합니다.

· Review Test ·　Units 1 ~ 4
▸ Answer Key p.70

A. Check the correct words to complete the sentences.

1. A cactus is one of the plants that can ________ in the desert.
   a. hunt　b. reach　c. survive　d. run out
2. There are big differences in ________ between day and night in deserts.
   a. nutrients　b. species　c. temperature　d. centimeters
3. 97% of the water on Earth is salt water in the ________.
   a. habitats　b. oceans　c. forests　d. lakes
4. Water vapor in the air ________ into smaller drops.
   a. condenses　b. renews　c. heats　d. evaporates
5. Tiny ________ are made from water vapor in the air.
   a. muscles　b. temperature　c. droplets　d. climates
6. Alligators and crocodiles are ________ that live in tropical climates.
   a. predators　b. muscles　c. regions　d. jaws
7. Alligators are ________ weaker than crocodiles.
   a. enough　b. relatively　c. excellent　d. contrary
8. Now, can you ________ alligators from crocodiles?
   a. spend　b. remain　c. distinguish　d. attack
9. The Arctic permafrost remains ________ all year.
   a. frozen　b. humid　c. exotic　d. excellent
10. Exotic flowers, insects, monkeys, and most ________ plants are found in rainforests.
    a. bare　b. deciduous　c. medicinal　d. vast

39

underlined parts.
n the sun make the land and air hot during the day. ⇒ ________
rattlesnakes, and cactus wrens is some animals that can
e desert. ⇒ ________
ls hunts at night when temperatures are cooler. ⇒ ________
nstantly renewed by the cycle. ⇒ ________
urce of fresh water are the oceans' salt water. ⇒ ________
e smaller but fast than crocodiles. ⇒ ________
re angrier and more mean than alligators. ⇒ ________
is marked the beginning of the Arctic permafrost. ⇒ ________
sts is found near the equator. ⇒ ________
rs, insects, monkeys, and most medicinal plants are founded in ⇒ ________

Workbook

배운 단어의 영영 풀이와 문법을 복습합니다.

〈권말 부록〉 단어리스트

UNIT 01 What is a Desert?

□□□	a few	서너 개, 조금
□□□	difference	차이
□□□	temperature	기온
□□□	set	(해가) 지다
□□□	harsh	가혹한
□□□	nutrient	영양소
□□□	cactus	선인장
□□□	survive	생존하다, 살아남다
□□□	reach	닿다
□□□	deep	깊은
□□□	habitat	서식지
□□□	hunt	사냥하다
□□□	shady	그늘진
□□□	spot	장소
□□□	stay away from	~에서 떨어져 있다

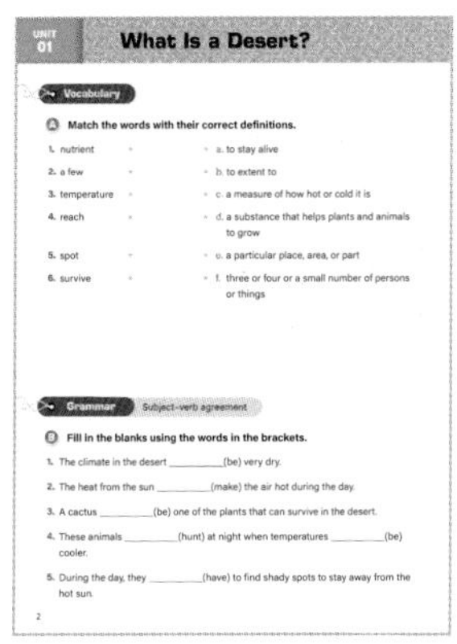

UNIT 01 What Is a Desert?

Vocabulary

A Match the words with their correct definitions.

1. nutrient　　　a. to stay alive
2. a few　　　b. to extent to
3. temperature　　　c. a measure of how hot or cold it is
4. reach　　　d. a substance that helps plants and animals to grow
5. spot　　　e. a particular place, area, or part
6. survive　　　f. three or four or a small number of persons or things

Grammar　Subject-verb agreement

B Fill in the blanks using the words in the brackets.

1. The climate in the desert ________(be) very dry.
2. The heat from the sun ________(make) the air hot during the day.
3. A cactus ________(be) one of the plants that can survive in the desert.
4. These animals ________(hunt) at night when temperatures ________(be) cooler.
5. During the day, they ________(have) to find shady spots to stay away from the hot sun.

2

무료 온라인 학습 자료 길벗스쿨 e클래스**(eclass.gilbut.co.kr)**에 접속하시면 〈미국교과서 READING〉 시리즈에 대한 상세 정보 및 부가학습 자료를 무료로 이용하실 수 있습니다.

① 음원 스트리밍 및 MP3 파일 ② 추가 워크시트 5종 (단어 테스트 2종, 해석 테스트, 문장 쓰기, 지문 완성하기)

③ 복습용 온라인 퀴즈 (단어 퀴즈, 내용 확인 퀴즈)

목차

Part 1 Science

Part 2 Social Studies

Part 3 Language Arts & Math

미국교과서 READING 5.1 주요 학습 내용

SUBJECT	UNIT	TOPIC	VOCABULARY	GRAMMAR
SCIENCE	01	**Earth's Land**	a few, temperature, nutrient, survive, reach, habitat, hunt, spot	Subject-verb agreement
	02	**Earth's Water**	run out, fortunately, cycle, source, evaporate, water vapor, condense, droplet	The verb *be*
	03	**Animals**	reptile, protect, predator, spend, relatively, bare, human being, distinguish	Comparative adjectives (-er)
	04	**Earth's Land**	vast, equator, remain, coniferous, deciduous, species, humid, exotic	Passive voice (be+p.p)
	05	**Animals**	bug, abdomen, unique, larva, hatch, disgusting, harmful, pollen	Adjectives
	06	**Our Earth**	planet, dust, orbit, inner, outer, surface, outer, inner, revolve, except	Relative pronoun *that*
	07	**Weather**	condition, region, polar, freezing, contrary, tropical, receive, various	Prepositions
	08	**Forces and Energy**	matter, energy, particle, strike, bounce, reflection, turn on, artificial	Conjunctions: *when, as soon as*
SOCIAL STUDIES	09	**Earth's Physical Geography**	mighty, create, fertile, valley, civilization, trade, empire, ancient	Superlative adjectives (the+-est)
	10	**American History**	declare, liberty, celebrate, independence, statue, torch, symbol, immigrant	To-infinitives (to+V)
	11	**Figures in American History**	self-educated, constitution, guarantee, slavery, break out, conflict, abolish, reunite	The verb *give*

SUBJECT	UNIT	TOPIC	VOCABULARY	GRAMMAR
SOCIAL STUDIES	12	**Figures in American History**	author, blind, deaf, tutor, pour, university, disability, give up	Relative pronoun *who*
	13	**Cultures in the United States**	allow, practice, homeland, drag on, plant, harvest, feast, adopt	Verbs with two objects: *call, teach, show*
	14	**American History**	religious, discover, distance, claim, peak, seek, hardship, dramatic	Prepositions: *in, as*
	15	**Community**	citizen, common, tax, government, responsibility, represent, treat, community	Auxiliary verbs that indicate duty
	16	**World History**	holiday, extra, ancestor, set off, firecracker, costume, envelope, luck	Conjunctions: *and, or*
LANGUAGE ARTS	17	**Folktale**	potion, chore, boil, tempting, repeat, overflow, beg, forgive	Verbs of perception
	18	**Myth**	adore, shiver, spark, bolt, hollow, furious, suffer, eternity	To-infinitives (to+V)
MATH	19	**Numbers**	count, mathematician, cavewoman, match, instead, scratch, develop, trader	Prepositions: *for, on, by*
	20	**Counting**	stand, clerk, forget, grumble, pile, confused, total, pinpoint	Present perfect (have+p.p)

미국교과서 READING 5.1 지문별 하위 단계 주제 연계표

핵심 대주제를 하위 단계에서부터 반복하여 다루며, 점진적으로 내용이 발전되도록 구성하였습니다.
연계 단원으로 가서 배경지식을 확인하고 복습할 때 활용하세요.

	Unit Title	Linked Units	TOPIC
01	**What Is a Desert?**	Level 3-1 Unit 5 Deserts	Earth's Land
02	**The Water Cycle**	Level 4-3 Unit 2 Rain, Snow and Clouds	Earth's Water
03	**Alligators and Crocodiles**	Level 3-1 Unit 3 Animals Level 4-1 Unit 4 All Kinds of Animals	Animals
04	**Forests**	Level 4-1 Unit 1 Living Things	Earth's Land
05	**Insects**	Level 3-2 Unit 4 Insects	Animals
06	**The Solar System**	Level 4-3 Unit 6 Planets	Our Earth
07	**Climate**	Level 3-1 Unit 1 The Arctic Level 4-3 Unit 1 Weather	Weather
08	**What Is Light?**	Level 3-2 Unit 1 The Human Body Level 3-3 Unit 5 Isaac Newton and Thomas Edison	Forces and Energy
09	**The Mighty River: The Nile**	Level 4-1 Unit 12 The Nile	Earth's Physical Geography
10	**The Statue of Liberty**	Level 4-3 Unit 10 A Nation Is Born	American History
11	**Abraham Lincoln**	Level 3-3 Unit 12 Slavery	Figures in American History
12	**Helen Keller**	Level 3-2 Unit 6 The Human Body Level 3-3 Unit 5 Isaac Newton and Thomas Edison	Figures in American History
13	**The First Thanksgiving**	Level 3-3 Unit 11 The Pilgrims	Cultures in the United States
14	**The Wild West**	Level 3-2 Unit 12 North America	American History
15	**Good Citizens**	Level 3-1 Unit 10 Communities	Community
16	**Chinese New Year**	Level 3-2 Unit 9 Asia	World History
17	**The Magic Pot**	Level 3-1 Unit 13 The Goose that Laid the Golden Eggs	Folktale
18	**How Man Got Fire**	Level 4-2 Unit 6 Earth's Resources	Myth
19	**Fingers, Stones, and Bones**	Level 3-1 Unit 19 Counting Level 4-1 Unit 19 Ordinal Numbers	Numbers
20	**A Smart Counter**	Level 3-1 Unit 20 Addition	Counting

PART 1

Science

Science

Unit 1

Cause & Effect

What Is a Desert?

✔ *Check Your Background Knowledge*

Circle the correct words.

1. Deserts are the (*driest* / *widest*) places on Earth.
2. Deserts hardly have any (*rainfall* / *wind*).
3. Many deserts are hot, but they can also be very (*warm* / *cold*) places.

What Is a Desert?

A desert is the driest land in the world. The land is mostly sand, and the air is very dry. ❶In the desert, only a few centimeters of rain fall each year. And most of it falls on just a few days. There can be months with no rain at all.

In the desert, there are big differences in temperature between day and night. ❷The heat from the sun makes the land and air hot during the day. Then temperatures drop very low after the sun sets.

▲ deserts in Africa and Europe

The desert is a harsh land for plants. The soil does not have much water. That's because rainwater goes through the sand. The soil doesn't have

Vocabulary

- **a few:** three or four or a small number of persons or things
- **temperature:** a measure of how hot or cold it is
- **nutrient:** a substance that helps plants and animals to grow
- **survive:** to stay alive
- **reach:** to extend to
- **habitat:** the place where a plant or animal naturally lives or grows

enough nutrients, either. A cactus is one of the plants that can survive in the desert. It has long, thin roots. They can reach water deep inside the ground.

The desert is not a good habitat for most animals. Jackrabbits, rattlesnakes, and cactus wrens are some animals that can survive in the desert. These animals hunt at night when temperatures are cooler. During the day, they have to find shady spots to stay away from the hot sun.

(Word Count ▶ 191)

Desert Animals

▲ jackrabbit

▲ rattlesnake

▲ cactus wren

- **hunt:** to chase and kill wild animals for food or pleasure
- **spot:** a particular place, area, or part

Grammar Quiz

Subject-verb agreement

- **Find the subjects of sentences ❶ and ❷.**

❶ ______________________

❷ ______________________

Comprehension Checkup

A Choose the best answer.

1. **What is the passage mainly about?**
   a. people in the desert
   b. the desert and its features
   c. why animals like the desert
   d. animals hunting during the night

2. **Why is the air in the desert dry?**
   a. Little rain falls each year.
   b. There are too many plants.
   c. There is sand all around the desert.
   d. The roots of plants can easily reach water.

3. **Which statement about a cactus is true?**
   a. Its roots cannot stand on the sand.
   b. It is the only plant that can survive in the desert.
   c. Its long thin roots can reach water deep inside the ground.
   d. It grows on the spot where it can stay away from the hot sun.

4. **Why do desert animals hunt at night?**
   a. They can easily find water at night.
   b. It's cooler at night than during the day.
   c. They can easily find shady spots at night.
   d. The heat from the sun makes the land hot at night.

LEVEL UP! 5. **Inference** **What can be inferred from the passage?**
   a. Rain usually falls at night in the desert.
   b. A cactus needs a large amount of water to survive.
   c. Animals in the desert have low body temperatures.
   d. Water and nutrients are important for plants to grow.

LEVEL UP! B **Writing** Write the correct words to complete the sentence.

6. The desert is ___*a*___ ________ ________ for plants and animals to survive in.

Vocabulary & Grammar

A Choose the correct words to fill in the blanks.

a few	temperature	survive	habitat	nutrients	hunt

1. In the southern part of my country, __________ centimeters of rain fall each year.
2. There are big differences in __________ between summer and winter.
3. The rain forest is the best __________ for wild animals.
4. Soil has many __________ for plants to grow.
5. Most desert animals __________ at night.
6. Only a few plants can __________ in the desert.

B Choose the correct words to complete the sentences.

Most of the rain falls on just a few days.
subject-verb agreement

1. In the desert, only a few centimeters of rain (*fall* / *falls*) each year.
2. The heat from the sun (*make* / *makes*) the land and air hot during the day.
3. The desert (*is* / *are*) a harsh land for plants.
4. Jackrabbits, rattlesnakes, and cactus wrens (*is* / *are*) some animals that can survive in the desert.
5. These animals (*hunt* / *hunts*) at night when temperatures are cooler.

Organization & Summary

A **Cause & Effect** Fill in the blanks to complete the organizer.

Cause		Effect
• The land is mostly 1. __________. • The air is very 2. __________. • Little rain 3. __________. • big 4. __________ in temperature between day and night	→	• harsh land for 5. __________ • tough habitat for 6. __________

differences sand plants animals dry falls

B Fill in the blanks to complete the summary.

spots desert rain cooler root cactus

The ❶ __________ is the driest land in the world. Only a few centimeters of ❷ __________ fall each year. And most of it falls on just a few days. A ❸ __________ can survive in the desert. Its long, thin ❹ __________ can reach water deep inside the ground. Animals in the desert hunt at night because the weather is ❺ __________. During the day, they have to find shady ❻ __________ away from the hot sun.

Science

Unit 2

Sequence

The Water Cycle

✔ *Check Your Background Knowledge*

Circle the correct words.

1. The sun (*warms* / *blocks*) the air and water.
2. Some water (*breaks* / *turns*) into vapor.
3. Water vapor rises into the (*oceans* / *sky*).

The Water Cycle

All life on Earth needs water. Plants need water to grow. Animals need water to survive. And we use fresh water every day. ❶However, 97% of the water on Earth is salt water in the oceans. Only 3% of the world's water is fresh water from rivers and lakes. Do you worry whether we will run out of fresh water?

Fortunately, water is constantly renewed by the water cycle. ❷The main source of fresh water is the oceans' salt water. The hot sun shines down on the water in the oceans. When the sun heats up the water, it evaporates into the sky.

Water vapor in the air cools and condenses into tiny droplets. Bunches of tiny droplets collect into clouds. The water from the clouds falls back to Earth's surface. We call it rain or snow. Rain and

Vocabulary

- **run out:** to become used up
- **fortunately:** by good fortune
- **cycle:** an interval during which a recurring sequence of events occurs
- **source:** the place something comes from or starts at
- **evaporate:** to change into a vapor

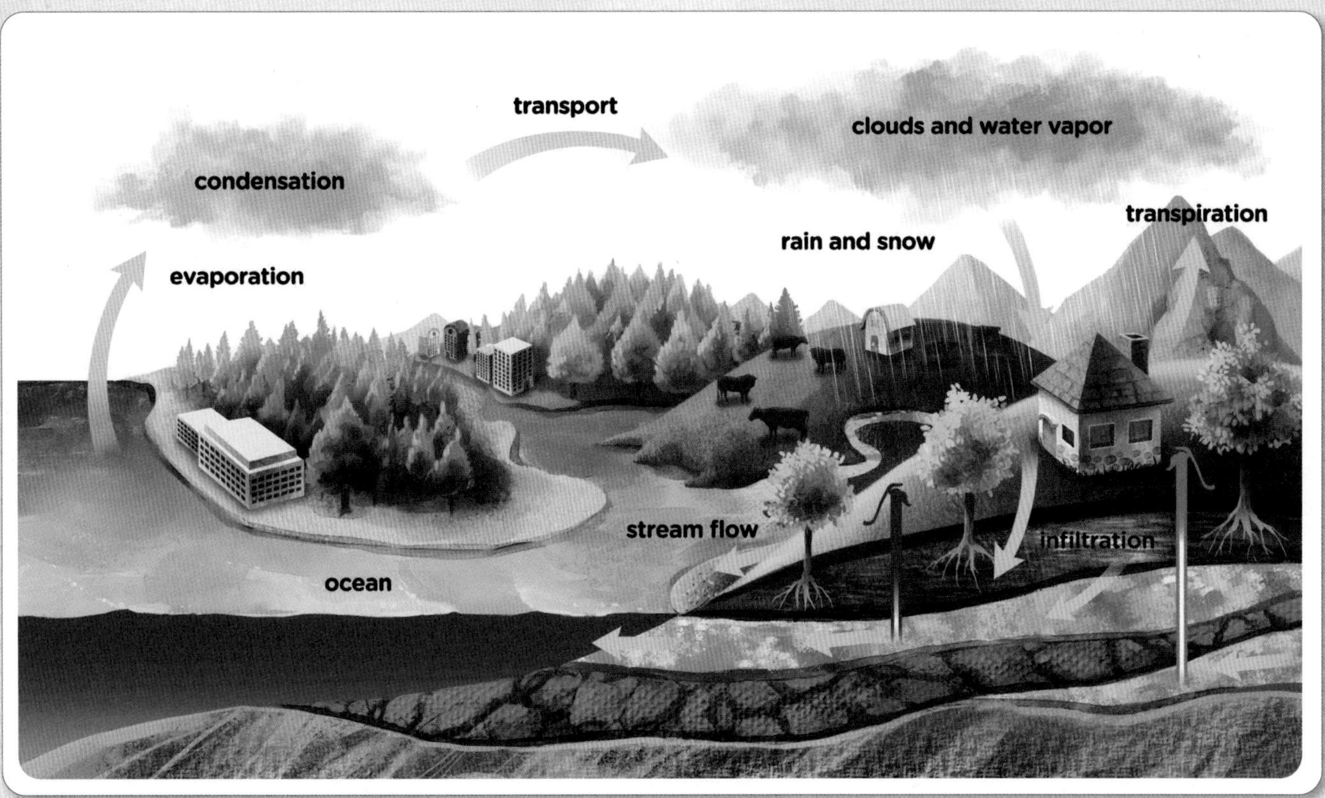

▲ the water cycle

snow fall back into the oceans, rivers, and lakes. Some of the water evaporates back into the air. In this way, the water cycle changes salt water in the oceans into fresh water every day.

(Word Count ▶ 174)

- **water vapor:** water in a gaseous form diffused in the atmosphere
- **condense:** to remove the water from
- **droplet:** a tiny drop of liquid

Grammar Quiz

The verb *be*

- **Find the verbs in sentences ❶ and ❷.**

❶ ______________________

❷ ______________________

Comprehension Checkup

A Choose the best answer.

1. **What is the passage mainly about?**
   a. why rain or snow falls
   b. why people need water
   c. how people use the oceans
   d. how water is constantly renewed

2. **What happens when the sun heats up the water?**
   a. The water falls.
   b. The water runs dry.
   c. The water gets cold.
   d. The water evaporates into the sky.

3. **What happens when water vapor in the air condenses into tiny droplets?**
   a. Bunches of tiny droplets get cool.
   b. Droplets turn back to flowing water.
   c. Bunches of tiny droplets make storms.
   d. Lots of tiny droplets collect into clouds.

4. **Which statement is not true?**
   a. 97% of the world's water is from the oceans.
   b. Rain and snow are made of water droplets.
   c. Salt water is the main source of fresh water.
   d. All the water from the clouds goes back into the oceans.

LEVEL UP! 5. **Purpose** **Why does the author mention the worry of running out of fresh water?**
   a. to explain how fresh water is used
   b. to stress what the water cycle does
   c. to give an example of using fresh water
   d. to warn about the danger of water pollution

LEVEL UP! B **Writing** Write the correct words to complete the sentence.

6. The water cycle changes ___*salt*___ ________ in the oceans into ________ ________ every day.

Vocabulary & Grammar

A Choose the correct words to fill in the blanks.

droplets	evaporates	water vapor	run out	condenses	fortunately

1. Water vapor in the air __________ into smaller drops.
2. __________, we don't need to worry about water.
3. The water __________ when the sun heats it up.
4. When water evaporates, it makes __________.
5. We will never __________ of water because of the water cycle.
6. Tiny __________ are made from water vapor in the air.

B Choose the correct words to complete the sentences.

ex. **97% of the water on Earth is salt water in the oceans.**
The verb be

1. Only 3% of the world's water (*is* / *are*) fresh water from rivers and lakes.
2. Water (*is* / *are*) constantly renewed by the water cycle.
3. The main source of fresh water (*is* / *are*) the oceans' salt water.
4. There (*is* / *are*) tiny droplets in clouds.
5. The water from the clouds falls back to Earth's surface. It (*is* / *are*) called rain or snow.

Organization & Summary

A **Sequence** **Order the sentences.**

The Water Cycle	
1	The sun heats up the water in the oceans.
3	Water vapor in the air cools and condenses into tiny droplets.
	Rain or snow falls back to Earth's surface. Some of the water evaporates back into the air.
	Bunches of tiny droplets collect into clouds.
	The water evaporates into the sky.
	Then, salt water turns to fresh water.

B **Fill in the blanks to complete the summary.**

changes	droplets	clouds	rain	water cycle	evaporates

Water is constantly renewed by the ❶__________. When the sun heats up the water in the oceans, it ❷__________ into the sky. Water vapor in the air cools and condenses into tiny ❸__________. Bunches of tiny droplets collect into ❹__________. The water from the clouds falls back to Earth's surface. We call it ❺__________ or snow. In this way, the water cycle ❻__________ salt water in the oceans into fresh water every day.

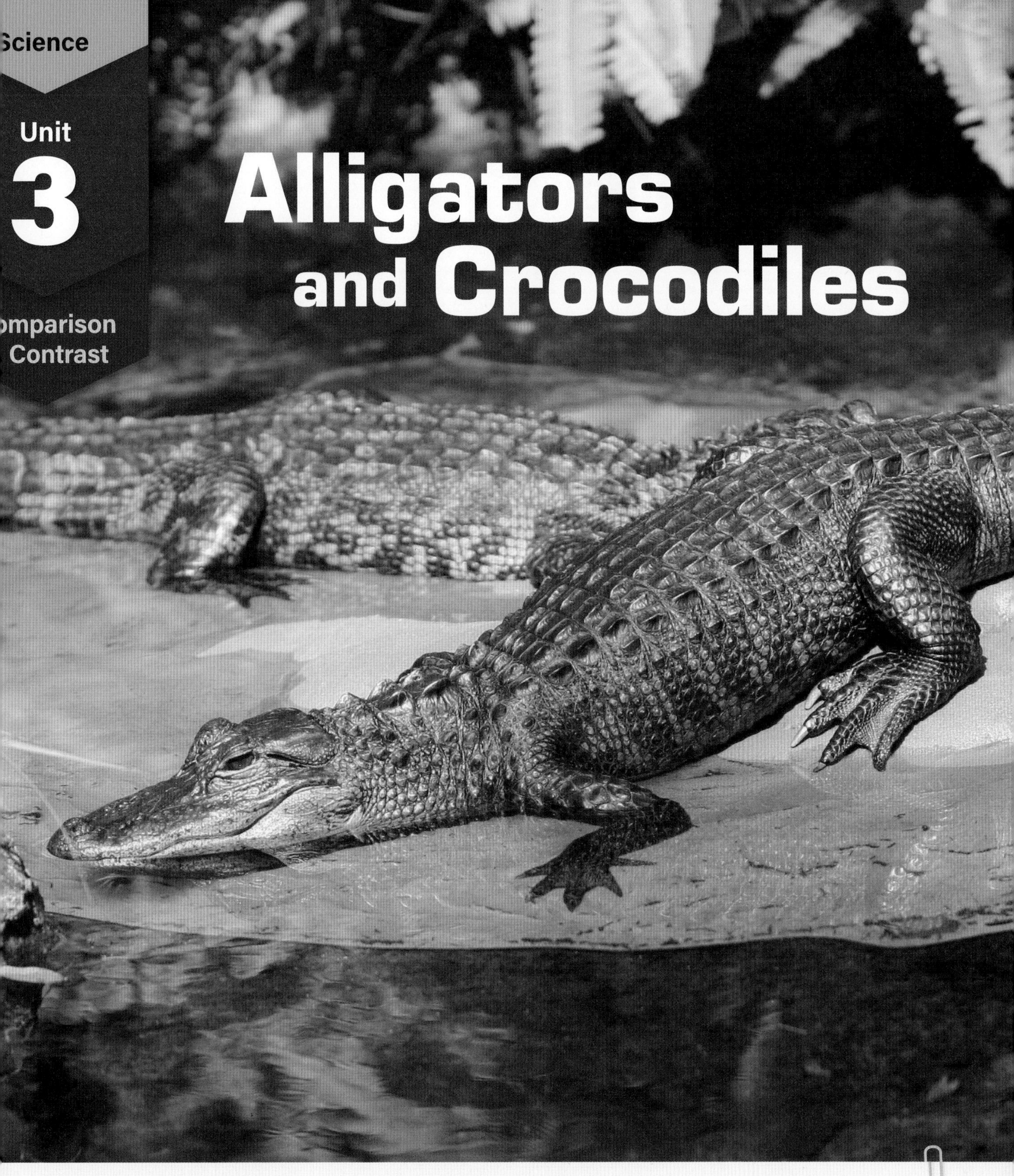

Alligators and Crocodiles

✓ Check Your Background Knowledge

Circle the correct words.

1. Some reptiles have (*dry skin* / *feathers*) or shells.
2. Reptiles are cold-blooded, and most of them lay (*muscles* / *eggs*).
3. Many important groups of reptiles are now (*exinct* / *unhealthy*).

Science

Alligators and Crocodiles

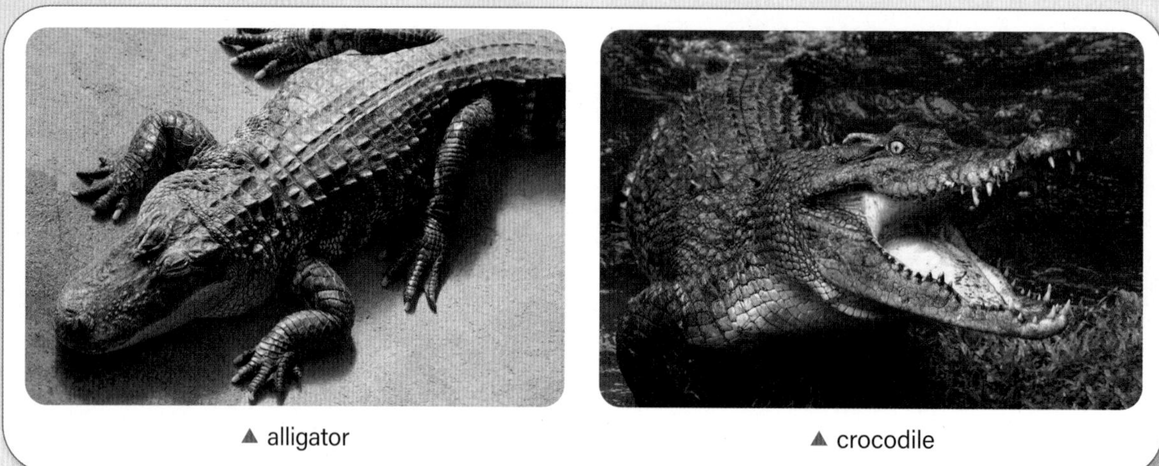

▲ alligator ▲ crocodile

Alligators and crocodiles are the most fearsome reptiles alive. Their long tails help them to swim fast. They have a hard and bumpy skin to protect themselves from attacks. They live in tropical climates. You may think that they are the same predators. They are look-alikes, but are different.

Alligators live in America and China. ❶They are smaller but faster than crocodiles. They spend most of the day cooling off in the water. These excellent swimmers prefer to live in fresh water and have a

Vocabulary

- **reptile:** a cold-blooded animal in a class that includes snakes, lizards, crocodiles, and turtles
- **protect:** to keep safe from harm or injury
- **predator:** an animal that naturally preys on others
- **spend:** to pass time in a specified way or in a particular place
- **relatively:** when compared to others
- **bare:** completely unclothed

darker skin than crocodiles do. Their muscles are relatively weaker than those of crocodiles, so an adult can hold their jaws shut with his or her bare hands.

Crocodiles prefer salt water. They are bigger but slower than alligators. Their teeth hang outside their mouths. And their snouts are pointed, while those of alligators are round. ❷Crocodiles are angrier and meaner than alligators. They eat zebras, wild pigs, and kangaroos. Hungry crocodiles may even eat human beings.

Now, can you distinguish one from another? Even if you can, always stay far away from them.

(Word Count ▶ 179)

- **human being:** a man, woman, or child of the species Homo sapiens
- **distinguish:** to recognize or treat someone or something as different

Grammar Quiz

Comparative adjectives (-er)

- **Write O or X for sentences ❶ and ❷.**

❶ Crocodiles are smaller than alligators. ______
❷ Crocodiles are meaner than alligators. ______

Comprehension Checkup

A Choose the best answer.

1. **What is this passage mainly about?**
   a. what alligators eat
   b. why crocodiles prefer salt water
   c. how to live with alligators and crocodiles
   d. the differences between alligators and crocodiles

2. **What is one feature of the alligator?**
   a. It has a short tail.
   b. It is good at swimming.
   c. It has a pointed snout.
   d. It eats wild pigs and kangaroos.

3. **What is one feature of the crocodile?**
   a. It has a round snout.
   b. It prefers to live in salt water.
   c. Its muscles are relatively weak.
   d. It spends most of the day cooling off in the water.

4. **What may hungry crocodiles even do?**
   a. They may even eat human beings.
   b. They may even eat other crocodiles.
   c. They may even eat zebras and wild pigs.
   d. They may even hunt for food both during the day and at night.

LEVEL UP! 5. **Inference** **What can be inferred from the passage?**
   a. Alligators and crocodiles usually fight for food.
   b. It's difficult to distinguish alligators from crocodiles.
   c. Crocodiles are more powerful predators than alligators.
   d. Alligators are relatively friendlier to people than crocodiles are.

LEVEL UP! B **Writing** Write the correct words to complete the sentence.

6. Alligators and crocodiles are *look-alikes*, but ____________ ____________ in several points.

Vocabulary & Grammar

A Choose the correct words to fill in the blanks.

reptiles　relatively　predators　protect　human being　spends

1. Alligators are __________ weaker than crocodiles.
2. Alligators and crocodiles can be grouped as __________.
3. They can __________ themselves with their hard and bumpy skin.
4. A __________ may be eaten by a hungry crocodile.
5. The alligator __________ most of the day in the water.
6. Alligators and crocodiles are __________ that live in tropical climates.

B Choose the correct words to complete the sentences.

ex. **These excellent swimmers have a <u>darker</u> skin <u>than</u> crocodiles do.**
Comparative adjective (-er)

1. Alligators are (*small* / *smaller*) but (*fast* / *faster*) than crocodiles.
2. Their muscles are relatively weaker (*then* / *than*) those of crocodiles.
3. Crocodiles are bigger (*but slow* / *but slower*) than alligators.
4. Crocodiles are (*angrier and meaner* / *angryer and meanner*) than alligators.
5. A crocodiles' snout is (*pointeder* / *more pointed*) than an alligator's snout.

Organization & Summary

A **Comparison & Contrast** Fill in the blanks to complete the organizer.

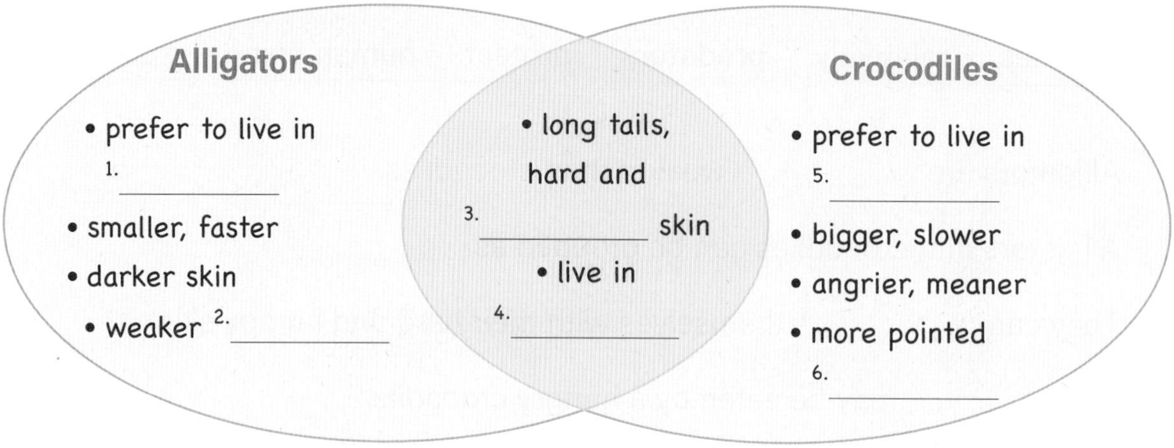

Alligators
- prefer to live in 1. ____________
- smaller, faster
- darker skin
- weaker 2. ____________

(Both)
- long tails, hard and 3. ____________ skin
- live in 4. ____________

Crocodiles
- prefer to live in 5. ____________
- bigger, slower
- angrier, meaner
- more pointed 6. ____________

muscles tropical climates salt water bumpy snouts fresh water

B Fill in the blanks to complete the summary.

weaker attacks meaner faster look-alikes slower

Alligators and crocodiles are ❶ ____________, but they are different. They have long tails to help them swim fast. They have a bumpy skin to protect them from ❷ ____________. They live in tropical climates. Alligators are smaller but ❸ ____________ than crocodiles. Their muscles are ❹ ____________ than those of crocodiles, and their skin is darker. Crocodiles prefer to stay in salt water. They are bigger but ❺ ____________ than alligators. They are angrier and ❻ ____________ than alligators.

✔ *Check Your Background Knowledge*

Circle the correct words.

1. A forest is another land (*cave* / *habitat*).
2. A forest is an area of land with many (*rocks* / *trees*).
3. There are many (*animals* / *plants*) living in forests, including deer, bears, raccoons, and foxes.

Science

Forests

Forests are found in most areas on Earth. They grow in many different regions, including vast boreal forests in the north, temperate forests, and tropical forests near the equator.

❶Boreal forests can be found below the tree line of the Northern Hemisphere. The tree line marks the beginning of the Arctic permafrost, where the ground remains frozen all year. Trees are coniferous with green needles and seed cones. Boreal forests are home to wolves, moose, caribou, and deer.

▲ caribou

Temperate forests cover climates that have four seasons. Most of the trees are deciduous. They have large leaves that change color in autumn and fall to the ground. Maple and oak are two examples. Many species of animals, including foxes,

Vocabulary

- **vast:** unusually great in size, amount, degree, or especially in extent or scope
- **equator:** the great circle of the earth at an equal distance from the North Pole and the South Pole
- **remain:** to stay the same
- **coniferous:** of or relating to or part of trees or shrubs bearing cones and evergreen leaves
- **deciduous:** shedding foliage at the end of the growing season
- **species:** a specific kind of organism

bears, deer, raccoons, and many birds, can be found in temperate forests.

Tropical forests are found near the equator. These areas are hot and humid and get a lot of rainfall. ❷Exotic flowers, insects, monkeys, and most medicinal plants are found in rainforests. Some rainforest trees are thousands of years old and grow as tall as city skyscrapers.

(Word Count ▶ 176)

Tropical Flowers

- **humid:** containing a great deal of water vapor
- **exotic:** originating in or characteristic of a distant foreign country

Grammar Quiz

Passive voice (be+p.p)

- **Find the verbs in sentences ❶ and ❷.**

❶ ______________________

❷ ______________________

Comprehension Checkup

A Choose the best answer.

1. **What is this passage mainly about?**
   a. tropical regions
   b. temperate regions
   c. trees and animals
   d. different types of forests

2. **What are two features of boreal forests? (Choose two answers.)**
   a. They are located in the Arctic permafrost.
   b. They are home to many birds and insects.
   c. There are coniferous trees with green needles.
   d. They can be found below the tree line of the Southern Hemisphere.

3. **What animals can you find in temperate forests?**
   a. foxes and bears
   b. monkeys and wolves
   c. wolves and moose
   d. caribou and raccoons

4. **What is not a feature of tropical forests?**
   a. They get a lot of rainfall.
   b. They have four seasons.
   c. They are hot and humid.
   d. They are found near the equator.

LEVEL UP! 5. **Purpose** **Why does the author mention city skyscrapers in paragraph 4?**
   a. to describe the shapes of tropical forests
   b. to stress the importance of tropical forests
   c. to stress how tall trees in tropical forests are
   d. to give an example of the symbol of developing forests

LEVEL UP! B **Writing** Write the correct words to complete the sentence.

6. Forests grow in ___*many*___ __________ __________, including vast __________ forests in the north, temperate forests, and tropical forests near the equator.

Vocabulary & Grammar

A Choose the correct words to fill in the blanks.

humid	equator	exotic	deciduous	species	remains

1. Trees that are __________ have large leaves and change their color in autumn.
2. Permafrost is where the ground __________ frozen all year.
3. Millions of __________ of insects live in forests.
4. Rainforests can be found near the __________.
5. __________ flowers, insects, monkeys, and most medicinal plants can be found in rainforests.
6. Tropical forests are hot and __________ and get a lot of rainfall.

B Choose the correct words to complete the sentences.

ex. **Forests are found in most areas on Earth.**
Passive voice (be+p.p.)

1. Boreal forests (*can find* / *can be found*) below the tree line of the Northern Hemisphere.
2. The tree line (*marks* / *is marked*) the beginning of the Arctic permafrost.
3. Many species of animals, including foxes, bears, and many birds, (*can be found* / *was found*) in temperate forests.
4. Tropical forests (*is found* / *are found*) near the equator.
5. Exotic flowers, insects, monkeys, and most medicinal plants (*are found* / *are founded*) in rainforests.

Organization & Summary

A Categorizing **Fill in the blanks to complete the organizer.**

Three Types of Forests			
	Boreal Forests	Temperate Forests	Tropical Forests
Location	1. ________ the tree line of the Northern Hemisphere	covering climates that have four seasons	near the equator in areas which are hot and 5. ________
Trees and Plants	coniferous with green 2. ________ and seed cones	3. ________ with large leaves	exotic flowers and medicinal plants
Animals	wolves, moose, caribou, and deer	many 4. ________ of animals	6. ________ and monkeys

species **humid** **deciduous** **insects** **below** **needles**

B **Fill in the blanks to complete the summary.**

coniferous **rainfall** **exotic** **equator** **seasons** **found**

Boreal forests can be ❶ ________ below the tree line of the Northern Hemisphere. They are home to wolves, moose, caribou, and deer. Trees are ❷ ________. Temperate forests cover climates that have four ❸ ________. Trees are deciduous. Foxes, bears, deer, raccoons, and birds can be found in these forests. Tropical forests are found near the ❹ ________. These areas are hot and humid and get a lot of ❺ ________. ❻ ________ flowers and most medicinal plants are found in rainforests.

· Review Test ·

▶ Answer Key p.70

A. Check the correct words to complete the sentences.

1. A cactus is one of the plants that can __________ in the desert.
   a. hunt b. reach c. survive d. run out

2. There are big differences in __________ between day and night in deserts.
   a. nutrients b. species c. temperature d. centimeters

3. 97% of the water on Earth is salt water in the __________.
   a. habitats b. oceans c. forests d. lakes

4. Water vapor in the air __________ into smaller drops.
   a. condenses b. renews c. heats d. evaporates

5. Tiny __________ are made from water vapor in the air.
   a. muscles b. temperature c. droplets d. climates

6. Alligators and crocodiles are __________ that live in tropical climates.
   a. predators b. muscles c. regions d. jaws

7. Alligators are __________ weaker than crocodiles.
   a. enough b. relatively c. excellent d. contrary

8. Now, can you __________ alligators from crocodiles?
   a. spend b. remain c. distinguish d. attack

9. The Arctic permafrost remains __________ all year.
   a. frozen b. humid c. exotic d. excellent

10. Exotic flowers, insects, monkeys, and most __________ plants are found in rainforests.
    a. bare b. deciduous c. medicinal d. vast

B. Correct the underlined parts.

1. The heat from the sun make the land and air hot during the day.
   ➡ ____________

2. Jackrabbits, rattlesnakes, and cactus wrens is some animals that can survive in the desert. ➡ ____________

3. These animals hunts at night when temperatures are cooler.
   ➡ ____________

4. Water are constantly renewed by the cycle. ➡ ____________

5. The main source of fresh water are the oceans' salt water.
   ➡ ____________

6. Alligators are smaller but fast than crocodiles. ➡ ____________

7. Crocodiles are angrier and more mean than alligators.
   ➡ ____________

8. The tree line is marked the beginning of the Arctic permafrost.
   ➡ ____________

9. Tropical forests is found near the equator. ➡ ____________

10. Exotic flowers, insects, monkeys, and most medicinal plants are founded in rainforests. ➡ ____________

Insects

✔ *Check Your Background Knowledge*

Circle the correct words.

1. Insects have three (*types* / *body parts*): a head, a thorax, and an adbomen.
2. Insects can be (*pests* / *predators*), but they are also very important to us.
3. Dung beetles (*clean* / *throw*) up dung for us.

Insects

Insects are little bugs. Scientists have found over five million different insects around the world. Insects come in many shapes and sizes. (A) They are interesting animals.

Insects have three body parts. They have a big head, a long neck, and a fat abdomen. Many insects have big eyes and two antennae. All insects have six legs. Other bugs have many more. ❶The abdomen is the large back end where insects turn food into energy.

❷Insects have a unique life cycle. Let's look at the life cycle of a butterfly. A butterfly lays eggs. Then, a small larva hatches from each egg. A larva is a baby insect. After a few days, the larva totally changes into a chrysalis. Later, a butterfly comes out of it. (B) Which stage of the life cycle do you think is the more

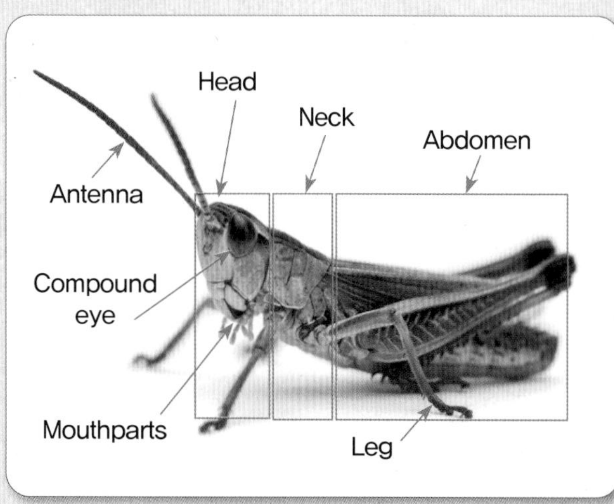

▲ insect body parts

Vocabulary

- **bug:** a general term for any insect
- **abdomen:** the part of the body below the chest that contains the stomach and other organs
- **unique:** radically distinctive and without an equal
- **larva:** a very young form of an insect that looks like a worm
- **hatch:** to emerge from an egg

▲ life cycle of a butterfly

interesting?

Some people say insects are disgusting. Mosquitoes, roaches, and fleas are very harmful to humans. (C) However, most insects are good and helpful. Bees help us grow food by taking pollen from flower to flower. Ladybugs eat aphids that harm crops. (D) Insects are not ugly creatures. They are surely an important part of nature.

(Word Count ▶ 191)

- **disgusting:** highly offensive
- **harmful:** causing or capable of causing harm
- **pollen:** the fine powder that is produced by a flowering plant

Grammar Quiz

Adjectives

- **Find the adjectives in sentences ❶ and ❷.**

❶ ______________________

❷ ______________________

Comprehension Checkup

A Choose the best answer.

1. **What is this passage mainly about?**
   a. what insects eat
   b. where insects live
   c. the features of insects
   d. why insects are disgusting

2. **What is the correct explanation about an abdomen?**
   a. It's a big eye with two antennae.
   b. It's a fat back end where insects turn pollen into energy.
   c. It's a large back end where insects turn food into energy.
   d. It's the stage in an insect's life cycle that comes after a larva.

3. **What is the correct order of a butterfly's life cycle?**

   ① A small larva hatches.
   ② A butterfly lays eggs.
   ③ A butterfly comes out.
   ④ A baby insect changes into a chrysalis.

   a. ① – ② – ④ – ③
   b. ② – ① – ④ – ③
   c. ④ – ① – ③ – ②
   d. ② – ① – ③ – ④

4. **How are ladybugs helpful for humans?**
   a. They eat roaches and fleas.
   b. They eat harmful bugs to crops.
   c. They help crops turn into energy.
   d. They take pollen from flower to flower.

LEVEL UP! 5. **Insertion** **Where could the following sentence be added?**

   Dragonflies eat mosquitoes.

   a. (A)
   b. (B)
   c. (C)
   d. (D)

LEVEL UP! B Writing Write the correct words to complete the sentence.

6. Insects are interesting animals because they have three __________ __________ and a ___*unique*___ __________ __________.

Vocabulary & Grammar

A Choose the correct words to fill in the blanks.

larva	hatches	pollen	unique	bugs	abdomen

1. Insects have a big head, a long neck, and a fat ___________.
2. A ___________ from an egg is a baby insect.
3. Insects have a ___________ life cycle.
4. A small larva ___________ from each egg, and it is a baby insect.
5. Bees take ___________ from flower to flower.
6. We can call little ___________ insects.

B Choose the correct words to complete the sentences.

ex. **Insects have a <u>unique</u> life cycle. / An insect's life cycle is <u>unique</u>.**
Adjective

1. After a few days, the larva (*total* / *totally*) changes into a chrysalis.
2. Some people say insects are (*disgusting* / *disgustingly*).
3. Mosquitoes, roaches, and fleas are very (*harm* / *harmful*) to humans.
4. Ladybugs are aphids that (*harm* / *harmful*) crops.
5. Insects are (*sure* / *surely*) an important part of nature.

Organization & Summary

A **Main Idea & Details** Fill in the blanks to complete the organizer.

Main Idea: Insects, Interesting Animals

Detail 1: Body Parts	Detail 2: Life Cycle of a Butterfly	Detail 3: Helpful to Humans
• head: big eyes, two antennae • 1. ____________: long • abdomen: large 2. ____________ • six legs	an 3. ____________ → a larva → a 4. ____________ → a butterfly	• 5. ____________: growing food by taking pollen from flower to flower • ladybugs: eating aphids • dragonflies: eating 6. ____________

back end **chrysalis** **mosquitoes** **bees** **egg** **neck**

B Fill in the blanks to complete the summary.

bugs **harmful** **abdomen** **larva** **helpful** **lays**

Insects are little ❶ ____________ that come in many shapes and sizes. They have three body parts: a head, a neck, and an ❷ ____________. All insects have six legs. A butterfly ❸ ____________ eggs. Then, a small ❹ ____________ hatches from each egg. After a few days, the larva totally changes into a chrysalis. Later, a butterfly comes out of it. Mosquitoes, roaches, and fleas are ❺ ____________ to humans. However, most insects are good and ❻ ____________. Bees help us grow food. Ladybugs eat aphids.

Science

Unit
6

ategorizing

The Solar System

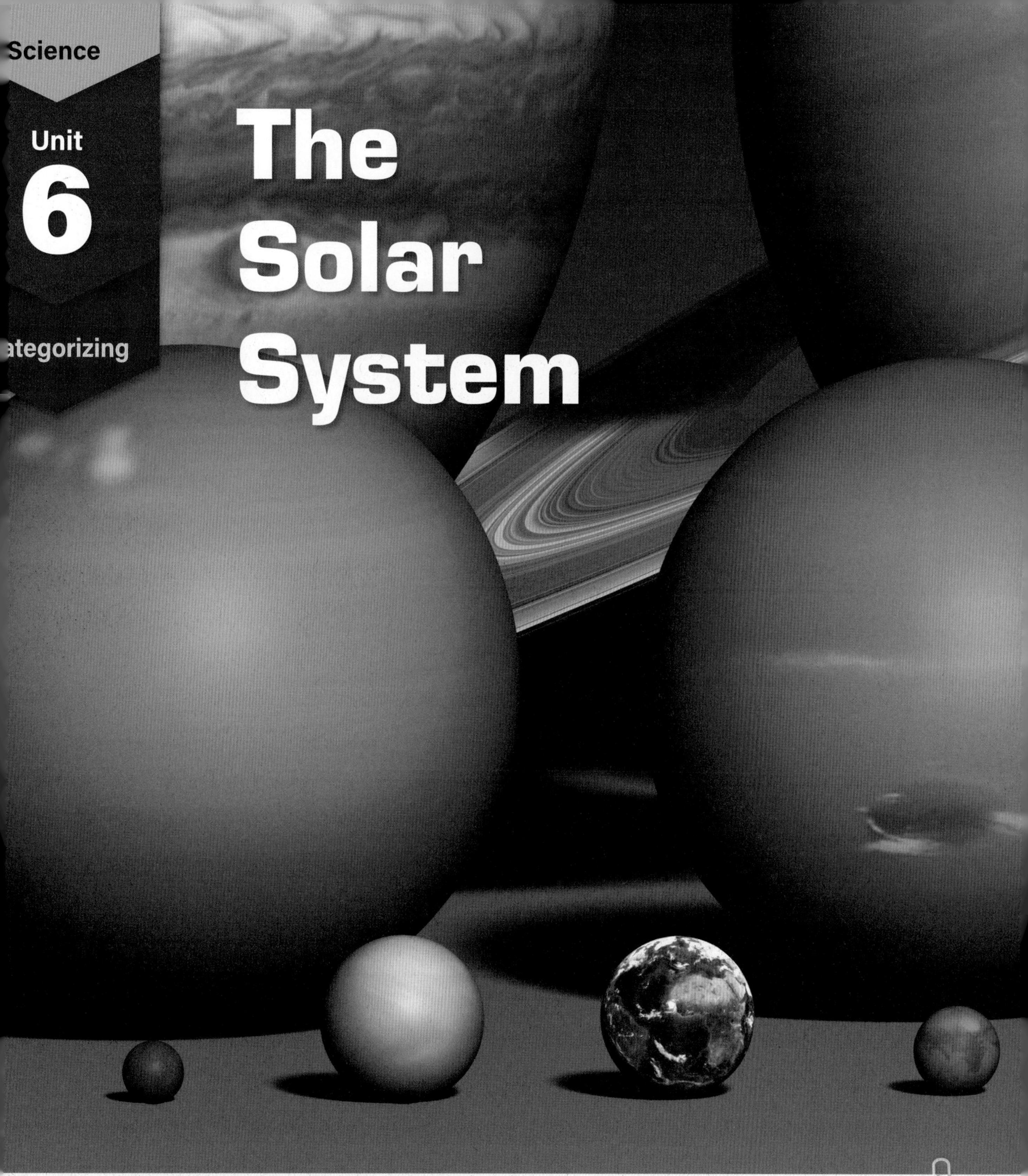

✔ *Check Your Background Knowledge*

Circle the correct words.

1. There are eight (*planets* / *objects*) in the solar system.
2. Mercury is (*the largest* / *the closest*) to the sun.
3. Planets are (*heart-shaped* / *ball-shaped*).

Science

The Solar System

The solar system is the sun and all the planets that go around it. Our solar system consists of the sun, eight planets, moons, and some gases and dust. All of the objects in the solar system orbit the sun.

The planets in our solar system are divided into two groups: the inner and outer planets. The inner planets are closer to the sun. Mercury, Venus, Earth, and Mars are the inner planets. They have rocky surfaces. ❶Earth is the only planet that has water and oxygen. That is why there is life on Earth.

Beyond Mars are the outer planets. They are Jupiter, Saturn, Uranus, and Neptune. All of the outer planets are made of gas. They are bigger than the inner planets. The largest planet in our solar system is Jupiter. Some of the outer planets have rings around them. The rings are made of pieces of rock and ice. Saturn is well-known for the beautiful rings around it.

Vocabulary

- **planet:** a large celestial body in the solar system that revolves around the sun
- **dust:** a fine powdery material
- **orbit:** to go around something in a circle
- **inner:** being near a center
- **outer:** being on the outside or further from a center

▲ the sun and planets of the solar system (Sizes are to scale.)

❷Moons are the objects that revolve around planets. All of the planets except Mercury and Venus have moons. As we know, Earth has only one moon.

(Word Count ▶ 187)

- **surface:** the outside part or layer of something
- **revolve:** to turn on or around an axis or a center
- **except:** not including; other than

Grammar Quiz

Relative pronoun *that*

- **Find what *that* refers to in sentences ❶ and ❷.**

❶ ______________________

❷ ______________________

Comprehension Checkup

A Choose the best answer.

1. **What is this passage mainly about?**
   a. why moons revolve around planets
   b. the differences between planets and moons
   c. the organization and features of the solar system
   d. the shapes and sizes of our solar system's planets

2. **Which statement about the inner planets is not true?**
   a. Mars is one of them.
   b. They have rocky surfaces.
   c. They are relatively bigger than the outer planets.
   d. They are closer to the sun than the outer planets.

3. **Which statement is true? (Choose two answers.)**
   a. Saturn has beautiful rings around it.
   b. Uranus is made of pieces of rock and ice.
   c. Jupiter is the largest planet in the solar system.
   d. All of the planets in the solar system have moons.

4. **What do moons do?**
   a. They make Earth bright.
   b. They revolve around planets.
   c. They revolve around spaceships.
   d. They make rings around the outer planets.

LEVEL UP! 5. **Inference What can be inferred according to the passage?**
   a. Moons may disappear as they get older.
   b. The inner planets are lighter than the outer planets.
   c. The size of the planet shows its distance from the sun.
   d. Water, oxygen, and ground are essential for life to exist.

LEVEL UP! B Writing Write the correct words to complete the sentence.

6. Our solar system consists of the sun, eight planets, moons, and ___*some*___ __________ and __________.

Vocabulary & Grammar

A Choose the correct words to fill in the blanks.

inner	except	orbits	planets	surfaces	outer

1. All of the outer planets are bigger than the __________ planets.
2. All of the planets __________ Earth do not have life.
3. The inner planets have rocky __________ and no rings around them.
4. Every object in the solar system __________ the sun.
5. Jupiter, Saturn, Uranus, and Neptune are the __________ planets.
6. There are eight __________ in our solar system.

B Choose the appropriate places for the relative pronoun *that*.

ex. **The solar system is the sun and *all the planets* that go around it.**
Relative pronoun that

1. The inner planets ① are the four planets ② are closer to ③ the sun.
2. ① Earth is the only planet ② has water and ③ oxygen.
3. The outer planets ① are the four planets ② are farther ③ from the sun.
4. Some of the outer planets ① have rings around ② them ③ are made of pieces of rock and ice.
5. Moons ① are the objects ② revolve around planets ③.

Organization & Summary

A **Categorizing** **Fill in the blanks to complete the organizer.**

The Solar System			
	The Inner Planets	The Outer Planets	The 5. ________, Moons, Gases, Dust
Planets	Mercury, Venus, Earth, and Mars	Jupiter, Saturn, Uranus, and Neptune	–
Distance from the sun	1. ________ to the sun	farther from the sun	–
Features	2. ________ surfaces	made of 3. ________ and some with 4. ________ around them	Moons 6. ________ around the planets.

closer **rings** **revolve** **rocky** **sun** **gas**

B **Fill in the blanks to complete the summary.**

rings **orbit** **consists** **inner** **oxygen** **gas**

Our solar system ❶ ________ of the sun, eight planets, moons, and some gases and dust. All of the objects in the solar system ❷ ________ the sun. The ❸ ________ planets are closer to the sun. Mercury, Venus, Earth, and Mars are the inner planets. They have rocky surfaces. Earth is the only planet that has water and ❹ ________. The outer planets are Jupiter, Saturn, Uranus, and Neptune. They are made of ❺ ________. They are bigger than the inner planets. Saturn is well-known for the beautiful ❻ ________ around it.

Climate

✔ *Check Your Background Knowledge*

Circle the correct words.

1. Climate tells us what kinds of (*weather* / *energy*) usually happen in an area.
2. The Arctic is one of (*the hottest* / *the coldest*) places on Earth.
3. Arctic animals have feathers or (*horns* / *fur*) to keep them warm.

Climate

❶Climate is the general weather conditions over a long period of time. There are four broad kinds of climate regions on Earth. They are polar, desert, temperate, and tropical climates.

The regions with polar climates are the coldest places on Earth. The weather in polar climates is freezing all year. Even the ocean is icy white. ❷Polar climates are found near the North Pole and the South Pole.

On the contrary, there are regions with hot and dry weather all year round. These are desert climates. These regions are found close to the equator. In a desert climate, it rains very little, so only a few plants grow.

In some regions, the seasons change throughout the year. Temperate regions have four seasons. The weather is not too hot or cold, and plants grow well. Temperate regions are found both north and south of the equator.

Vocabulary

- **condition:** a state at a particular time
- **region:** a large indefinite location on the surface of the earth
- **polar:** of or relating to the North or South Pole
- **freezing:** extremely cold
- **contrary:** exact opposition
- **tropical:** hot and humid, as in the tropics
- **receive:** to get something
- **various:** many different kinds

Places with a tropical climate are hot and humid most of the year. Some tropical regions receive heavy rainfall all year round. These regions lie between the Tropic of Cancer and the Tropic of Capricorn. Various animals and colorful birds live in these regions.

(Word Count ▶ 189)

▲ a polar region

▲ a desert region

▲ a temperate region

▲ a tropical region

Grammar Quiz

Prepositions

- **Find the prepositions meaning the same with the below in sentences ❶ and ❷.**

❶ during = ____________________

❷ close to = ____________________

Comprehension Checkup

A Choose the best answer.

1. **What is this passage mainly about?**
   a. the differences between climate and weather
   b. the differences between hot and cold weather
   c. why there are four broad kinds of climate regions
   d. the features of the four broad kinds of climate regions

2. **Which statement about the regions with polar climates is true?**
   a. It rains very little.
   b. The ocean is icy white.
   c. Various plants grow well.
   d. The weather is freezing over two seasons.

3. **Where are the regions with temperate climates?**
   a. close to the equator
   b. north and south of the equator
   c. near the North Pole and the South Pole
   d. between the Tropic of Cancer and the Tropic of Capricorn

4. **Which statement about a region with a tropical climate is not true?**
   a. It's not too hot or cold.
   b. Colorful birds live there.
   c. It's humid most of the year.
   d. It receives heavy rainfall all year round.

LEVEL UP! 5. **Inference** **What can be inferred according to the passage?**
   a. Weather conditions change as the seasons do.
   b. It's hard to find which climate region is the broadest.
   c. The amount of rainfall affects the number of animal species.
   d. Where a place is located on Earth affects its weather conditions.

LEVEL UP! **B** **Writing** **Write the correct words to complete the sentence.**

6. The four broad kinds of climate regions on Earth are ___*polar*___, ____________, ____________, and ____________ ____________.

Vocabulary & Grammar

A Choose the correct words to fill in the blanks.

conditions **tropical** **polar** **freezing** **receive** **contrary**

1. Tropical regions ____________ a lot of rainfall every year.
2. It will be ____________ if you visit the South Pole.
3. Climate is the general weather ____________ over a long period of time.
4. The North Pole and the South Pole are ____________ regions.
5. ____________ regions are hot and humid.
6. On the ____________, deserts are much hotter than polar regions.

B Choose the correct words to complete the sentences.

ex. **The weather in polar climates is freezing all year.**
Prepositions

1. Climate is the general weather conditions (*to* / *over*) a long period of time.
2. Polar climates are found (*for* / *near*) the North Pole and the South Pole.
3. There are regions (*with* / *over*) hot and dry weather all year round.
4. These regions are found close (*in* / *to*) the equator.
5. These regions lie (*with* / *between*) the Tropic of Cancer and the Tropic of Capricorn.

Organization & Summary

A **Categorizing** Fill in the blanks to complete the organizer.

The Four Broad Kinds of Climate Regions				
	Polar Climates	Desert Climates	Temperate Climates	Tropical Climates
Region	near the North Pole and the South Pole	close to the equator	both north and south of the 3. ________	between the Tropic of Cancer and the Tropic of Capricorn
Weather	cold, freezing	hot and dry	not 4. ________ hot or cold	hot and 5. ________
Features	1. ________ white oceans	2. ________ rain, only a few plants	four seasons, Plants grow well.	6. ________ rainfall, various animals and birds

humid icy little heavy too equator

B Fill in the blanks to complete the summary.

rainy lie close conditions freezing dry

Climate is the general weather ❶ ________ over a long period of time. Polar climates are found near the North Pole and the South Pole. The weather is ❷ ________ all year. Desert regions are found ❸ ________ to the equator. The weather is hot and ❹ ________ all year round. Temperate regions are found both north and south of the equator. This region has four seasons. The weather is not too cold or hot. Tropical regions ❺ ________ between the Tropic of Cancer and the Tropic of Capricorn. It is ❻ ________ most of the year.

Science

Unit 8

Main Idea & Details

What Is Light?

✔ Check Your Background Knowledge

Circle the correct words.

1. The sun gives off heat and (*wind* / *light*).
2. The sun looks so much bigger and (*softer* / *brighter*) than other stars.
3. Thomas Edison made more than 1,000 inventions, including (*long-lasting* / *look-alike*) light bulbs.

What Is Light?

What is light? Light is not matter. It is a form of energy that is reflected off some objects. Light moves around in the form of a tiny particle like sand. But we cannot see light itself. ❶We only see objects when light from a source strikes them and bounces off toward our eyes. The bouncing of light off matter is called reflection.

A source of light is an object that creates its own light. The sun is the most important source of light for the earth. Other stars are also sources of light. Some hot materials can be sources of light, too. For example, when a hot burner is turned on, some energy can be given off as light. A light bulb is one kind of artificial source of light.

▲ the sun

Vocabulary

- **matter:** that which has mass and occupies space
- **energy:** power that is used to provide heat and operate machines
- **particle:** a very small piece of something
- **strike:** to hit and come into sudden contact with
- **bounce:** to spring back
- **reflection:** the return of light or sound waves from a surface
- **turn on:** to cause to operate by flipping a switch
- **artificial:** produced by humans

Light is very fast. ❷A room gets bright as soon as you turn on a light bulb. It takes no time at all. In addition, it only takes 8 minutes for sunlight to reach the earth. The speed of light is the fastest that anything can move.

(Word Count ▶ 178)

▲ electric light bulb

▼ burner flame

Grammar Quiz

Conjunctions: *when, as soon as*

- **Find the parts that *when* or *as soon as* heads in sentences ❶ and ❷.**

❶ ____________________

❷ ____________________

Comprehension Checkup

A Choose the best answer.

1. **What is this passage mainly about?**
   a. why we see objects
   b. life without the sun
   c. various facts about light
   d. how the light bulb was invented

2. **What is the most important source of light for the earth?**
   a. stars　　b. the sun
   c. light bulbs　　d. hot burners

3. **What are two examples of the fast speed of light? (Choose two answers.)**
   a. It takes 8 minutes for sunlight to reach the earth.
   b. As soon as a light bulb is turned on, a space gets bright.
   c. When a hot burner is turned on, some energy is given off.
   d. Light moves around in the form of a tiny particle like sand.

4. **Which statement about sources of light is not true?**
   a. Stars are sources of light.
   b. There is no artificial source of light.
   c. Some hot materials can be sources of light.
   d. An object that creates its own light is a source of light.

LEVEL UP! 5. **Inference** **What is an example of sentence ❶?**
   a. Some objects cannot reflect light.
   b. Light moves the fastest through tiny particles of sand.
   c. When light from the sun is reflected, shadow is created.
   d. When we see the moon, we see the reflection of light from the sun.

LEVEL UP! B **Writing** Write the correct words to complete the sentence.

6. We only see objects when light from a source ___*strikes*___ __________ and __________ __________ toward our eyes.

Vocabulary & Grammar

A Choose the correct words to fill in the blanks.

turned on **bounces** **energy** **strike** **artificial** **matter**

1. A light bulb is an example of a(n) ___________ source of light.
2. Light is a form of energy and is not ___________.
3. When a hot burner is ___________, some energy can be given off as light.
4. Light from a source can ___________ objects.
5. The ___________ that is reflected off some objects is light.
6. Light ___________ off toward our eyes.

B Choose the appropriate places for the conjunctions *when* and *as soon as*.

ex. **A room gets bright as soon as you turn on a light bulb.**
Conjunctions: when, as soon as

1. ① A hot burner is turned on, ② some energy can be given off ③ as light. (← W(w)hen)
2. ① We only see objects ② light from a source strikes them ③ and bounces off toward our eyes. (← W(w)hen)
3. ① Light strikes objects and ② bounces off, ③ we call it reflection. (← W(w)hen)
4. ① The sun rises, ② we can see the reflection of light ③ from the sun. (← A(a)s soon as)
5. ① Rainbows are formed ② light passes ③ through small water droplets. (← W(w)hen)

Organization & Summary

A **Main Idea & Details** Fill in the blanks to complete the organizer.

Main Idea: The Features of Light

Detail 1: A Form of Energy	Detail 2: Sources of Light	Detail 3: The Fastest 6. ________ of Light
• not 1. ________ • moving around in the form of a 2. ________ particle • We only see objects when light 3. ________ them and bounces off toward our eyes.	• the sun • 4. ________ • hot materials • 5. ________ sources like light bulbs	• It only takes 8 minutes for sunlight to reach the earth.

strikes tiny artificial speed stars matter

B Fill in the blanks to complete the summary.

bounces off reach source materials energy fastest

Light is a form of ❶ ________ that is reflected off some objects. We can see objects when light from a source strikes them and ❷ ________ toward our eyes. A ❸ ________ of light is an object that creates its own light. The sun is the most important source of light for the earth. Some ❹ ________ like a hot burner can be sources of light, too. It only takes 8 minutes for sunlight to ❺ ________ the earth. The speed of light is the ❻ ________ that anything can move.

· Review Test ·

▶ Answer Key p.71

A. Check the correct words to complete the sentences.

1. **Many insects have big eyes and two __________.**
   a. roaches b. abdomen c. antennae d. surfaces

2. **After a few days, the larva totally __________ into a chrysalis.**
   a. lives b. hatches c. changes d. consists

3. **Bees help us grow food by taking __________ from flower to flower.**
   a. crops b. dust c. larvae d. pollen

4. **The planets in our solar system are __________ into two groups.**
   a. turned b. received c. divided d. revolved

5. **The inner planets have rocky __________ and have no rings around them.**
   a. surfaces b. nutrients c. objects d. weather

6. **All of the planets __________ Mercury and Venus have moons.**
   a. as b. than c. except d. contrary

7. **In some regions, the seasons change __________ the year.**
   a. to b. near c. between d. throughout

8. **Some tropical regions __________ heavy rainfall all year round.**
   a. receive b. find c. lie d. freeze

9. **A light bulb is one kind of __________ source of light.**
   a. harmful b. various c. artificial d. icy

10. **The speed of light is the fastest that anything can __________.**
    a. move b. reflect c. orbit d. bounce

B. Correct the underlined parts.

1. After a few days, the larva total changes into a chrysalis.
   ➡ ______________
2. Some people say insects are disgustingly. ➡ ______________
3. Earth is the only planet what has water and oxygen. ➡ ______________
4. Moons are the objects who revolve around planets. ➡ ______________
5. Polar climates are found for the North Pole and the South Pole.
   ➡ ______________
6. There are regions over hot and dry weather all year round.
   ➡ ______________
7. These regions are close in the equator. ➡ ______________
8. These regions lie with the Tropic of Cancer and the Tropic of Capricorn.
   ➡ ______________
9. We only see objects that light from a source strikes them and bounces off toward our eyes. ➡ ______________
10. A room gets bright and you turn on a light bulb. ➡ ______________

PART 2

Social Studies

Social Studies

Unit 9

Cause & Effect

The Mighty River: The Nile

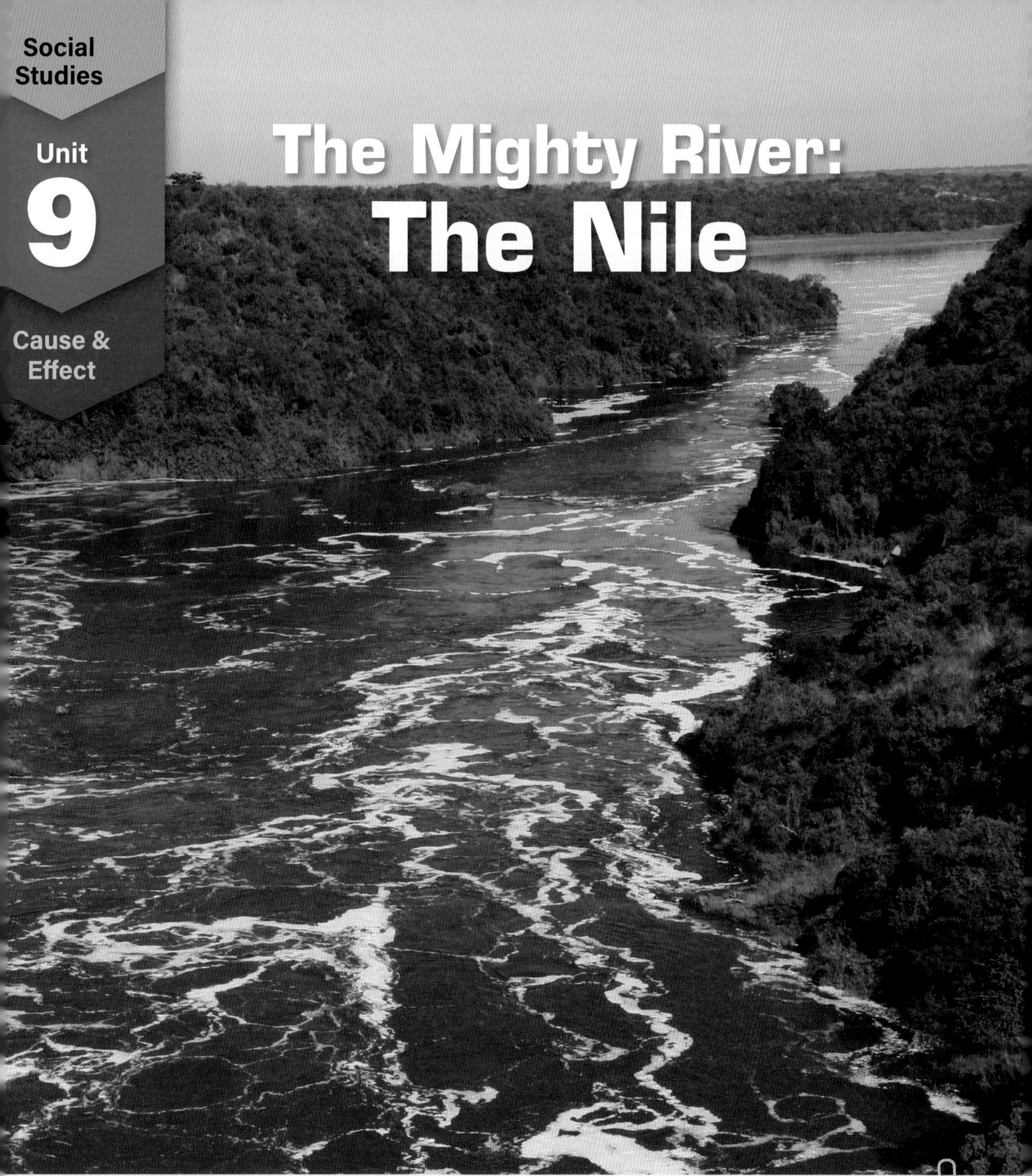

✓ *Check Your Background Knowledge*

Circle the correct words.

1. Every year in ancient Egypt, the northern part of the Nile (*blocked* / *flooded*) over its banks.
2. Everything in ancient Egypt (*built* / *depended*) on the overflowing of the Nile.
3. The water left (*dry* / *rich*) and moist soil on its banks for many miles.

The Mighty River: The Nile

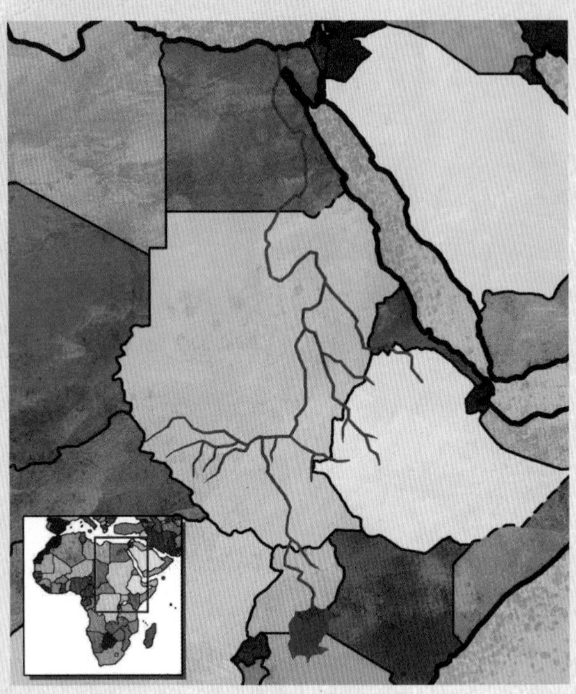

▲ the Nile in Africa

People say the Nile is a mighty river in Egypt. ❶The Nile is the longest river in the world. It is over six thousand kilometers long. But there is more to the story.

In Egypt, the Nile created a fertile green valley in the desert. ❷This fertile land made one of the oldest civilizations in the world possible. It took millions of workers to build the Great Pyramid and the Sphinx. Who could feed millions of workers? It was the Nile and the fertile land it created.

The Nile also helped the ancient Egyptians in trade. The Nile flows through Africa to the Mediterranean Sea. The Nile was the quickest and easiest way to travel from inland areas to the sea. By trading along the

Vocabulary

- **mighty:** having or showing great strength, force, or intensity
- **create:** to make or cause to be or to become
- **fertile:** capable of reproducing
- **valley:** an area of low land between hills or mountains
- **civilization:** a society in an advanced state of social development

▲ the Nile in Sudan

Nile, ancient Egypt became the most powerful empire in the ancient world.

Even today, the Nile's fresh water is very important for all of Africa. It still brings water to farms. It is also home to many plants and animals. Nothing in the region would survive without the Nile. That's why people say the Nile is the mighty river.

(Word Count ▶ 184)

- **trade:** commercial exchange
- **empire:** a domain ruled by an emperor or empress
- **ancient:** very old

Grammar Quiz

Superlative adjectives (the+-est)

- **Find the superlative adjectives in sentences ❶ and ❷.**

❶ ______________________________

❷ ______________________________

Comprehension Checkup

A Choose the best answer.

1. **What is the passage mainly about?**
   a. trade in ancient times
   b. why the Nile is so important
   c. the mysteries of the Great Pyramid
   d. how ancient Egypt became a powerful empire

2. **What did the Nile create in Egypt?**
   a. the Pyramids and the Sphinx
   b. a home for millions of workers
   c. a fertile green valley in the desert
   d. the land route to the Mediterranean Sea

3. **How did ancient Egypt become the most powerful empire in the ancient world?**
   a. by farming
   b. by building pyramids
   c. by selling fresh water
   d. by trading along the Nile

4. **How does the Nile still help people in Africa? (Choose two answers.)**
   a. It brings water to farms.
   b. It creates many jobs for workers.
   c. It is a habitat for lots of plants and animals.
   d. It connects inland areas in Africa to the sea.

LEVEL UP! 5. **Inference** **What can be inferred about ancient times from the passage?**
   a. Big wars broke out along the Nile.
   b. Farming was one of the most famous businesses.
   c. Civilizations were built around the Mediterranean Sea.
   d. The ways to trade with other countries were by land or by sea.

LEVEL UP! B **Writing** Write the correct words to complete the sentence.

6. *Without* __________ __________, nothing in the region near it would __________.

Vocabulary & Grammar

A Choose the correct words to fill in the blanks.

mighty	trade	empire	valley	created	fertile

1. This __________ land made one of the most oldest civilizations in the world possible.
2. The Nile helped the people in ancient Egypt in __________.
3. The Nile made ancient Egypt become the most powerful __________.
4. This __________ river is called the Nile.
5. The Nile made a fertile green __________ in the desert.
6. Millions of workers __________ the Great Pyramid and the Sphinx.

B Choose the correct words to complete the sentences.

The Nile is the longest river in the world.
Superlative adjectives (the+-est)

1. This fertile land made one of (*the older* / *the oldest*) civilizations in the world possible.
2. (*The most big* / *The biggest*) pyramid is called the Great Pyramid.
3. The Great Pyramid is (*the most famous* / *the famousest*) of the pyramids.
4. The Nile was (*the quicker* / *the quickest*) and (*easier* / *easiest*) way to travel from inland areas to the sea.
5. Ancient Egypt became the most powerful empire (*in* / *for*) the ancient world.

Organization & Summary

A **Cause & Effect** **Fill in the blanks to complete the organizer.**

Cause		Effect
The Nile created a 1. ________ green valley.	→	One of the oldest civilizations was created. Millions of 2. ________ got food.
The Nile 3. ________ the ancient Egyptions in trade.	→	Ancient Egypt became the most 4. ________ empire in the ancient world.
The Nile brings 5. ________ to the region.	→	6. ________ get water. Many plants and animals have shelter.

farms **fertile** **fresh water** **workers** **powerful** **helped**

B **Fill in the blanks to complete the summary.**

empire **water** **mighty** **valley** **trade** **possible**

The Nile created a fertile green ❶ ________ in the desert. This fertile land made one of the oldest civilizations in the world ❷ ________. The Nile flows through Africa to the Mediterranean Sea. It helped the ancient Egyptians in ❸ ________. By trading, ancient Egypt became the most powerful ❹ ________ in the ancient world. Even today, the Nile still brings ❺ ________ to farms. It is home to many plants and animals. That's why people say the Nile is the ❻ ________ river.

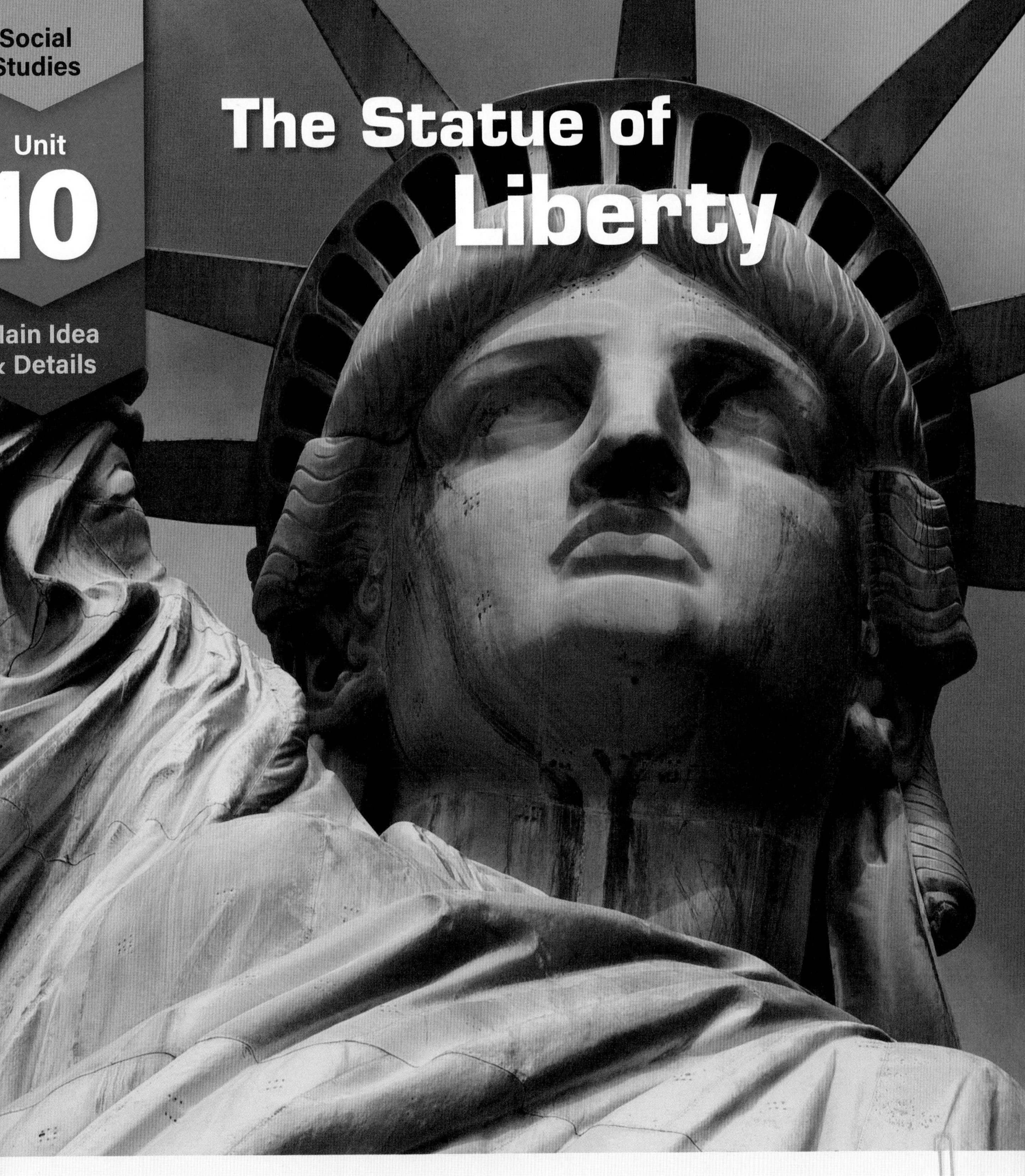

✔ *Check Your Background Knowledge*

Circle the correct words.

1. In 1776, the English (*travelers* / *colonists*) in America took a very big step.
2. On the fourth of July in the year 1776, many American leaders (*signed* / *criticized*) the Declaration of Independence.
3. The Declaration of Independence said that all men were created (*equal* / *different*).

The Statue of Liberty

France and the United States share a special past. America declared their independence from the king of England in 1776. Soon, people in France also declared liberty from their king.

❶France wanted to remember its friendship with the United States. The French built Lady Liberty and shipped it to the United States in boxes. ❷It was a gift to celebrate their declaration of independence from the king of England.

The Statue of Liberty is the Roman goddess of freedom. She has a torch in her right hand that shines the light of reason. She also has a book of laws in her left hand. In the book, the date of American independence, July 4, 1776, is carved.

▲ the Statue of Liberty on Liberty Island in New York Harbor

Vocabulary

- **declare:** to say or state in an official or public way
- **liberty:** political independence
- **celebrate:** to do something special or enjoyable for an important event
- **independence:** freedom from outside control or support
- **statue:** a sculpture representing a human or animal

The statue of Liberty stands in New York Harbor. Since the statue was first opened to public visitors in 1886, it has been an American symbol. Immigrants that went to the United States by ship were greeted by the Statue of Liberty. Even today, many people visit the Statue of Liberty each year. It is an important symbol of freedom in the United States.

(Word Count ▶ 181)

▲ the Statue of Liberty

- **torch:** a light usually carried in the hand
- **symbol:** something that stands for an idea
- **immigrant:** a person who comes to a country where he or she was not born in order to settle there

Grammar Quiz

To-Infinitives (to+V)

- **Find the to-infinitive verbs in sentences ❶ and ❷.**

❶ ______________________

❷ ______________________

Comprehension Checkup

A Choose the best answer.

1. **What is the passage mainly about?**
   a. who the Roman goddess was
   b. why France and the United States are friends
   c. why the Statue of Liberty holds a torch in her right hand
   d. how the Statue of Liberty became a symbol of the United States

2. **What happened in America in 1776?**
   a. They greeted immigrants.
   b. They built the Statue of Liberty.
   c. They declared their independence.
   d. They received the Statue of Liberty.

3. **Why did the French give Lady Liberty to the United States?**
   a. They tried to trade it for the advanced skills of the United States.
   b. They wanted to show their excellent statues to the United States.
   c. They wanted to remember their friendship with the United States.
   d. They celebrated their own independence from the king of England.

4. **Which statement about the Statue of Liberty is not true?**
   a. It is the Roman goddess of independence.
   b. It was first opened to public visitors in 1886.
   c. The torch in its right hand shines the light of reason.
   d. The date of American independence is carved in the book in its left hand.

LEVEL UP! 5. **Inference** **The reason why Lady Liberty stands in New York Harbor is ______.**
   a. that was the place where it arrived
   b. France wanted to stand it in that place
   c. Americans wanted to influence immigrants by its symbol
   d. that place is one of the most famous tourist spots in America

LEVEL UP! B **Writing** Write the correct words to complete the sentence.

6. The Statue of Liberty is ___*an*___ __________ __________ __________
   __________ in the United States.

Vocabulary & Grammar

A Choose the correct words to fill in the blanks.

independence	statue	immigrants	declared	symbol	torch

1. In her right hand, there is a __________ that shines the light of reason.
2. __________ that went to the United States by ship were greeted by the Statue of Liberty.
3. American people __________ their independence from the king of England in 1776.
4. The Statue of Liberty is a __________ of freedom in the United States.
5. In the book, the date of American __________, July 4, 1776, is carved.
6. The __________ was first opened to public visitors in 1886.

B Write "I" if the underlined *to* is a to-infinitive, or write "P" if it is a preposition.

ex. **France wanted <u>to remember</u> its friendship with the United States.**
To-infinitive (to+V)

1. The French built Lady Liberty and shipped it to the United States in boxes. ______
2. It was a gift to celebrate their declaration of independence from the king of England. ______
3. She has a torch in her right hand to show the light of reason. ______
4. The statue was first opened to public visitors in 1886. ______
5. Immigrants that went to the United States by ship were greeted by the Statue of Liberty. ______

Organization & Summary

A **Main Idea & Details** Fill in the blanks to complete the organizer.

Main Idea: The Features of Lady Liberty

Detail 1: Historical Background	Detail 2: Appearance	Detail 3: The Symbol of 5. ________
• France's 1. ________ to the United States • to remember their friendship, to celebrate their 2. ________ of independence from the king of England	• the Roman 3. ________ of freedom • a torch in its right hand = the light of 4. ________ • a book of laws in its left hand	• standing in New York Harbor • 6. ________ were greeted by it. • Many people visit it.

immigrants　gift　goddess　reason　freedom　declaration

B Fill in the blanks to complete the summary.

torch　carved　friendship　independence　stands　greeted

People in America and France declared ❶ ________ from their kings. France wanted to remember its ❷ ________ with the United States. So the French people built Lady Liberty and shipped it to the United States. She has a ❸ ________ in her right hand and a book of laws in her left hand. In the book, the date of American independence is ❹ ________. Lady Liberty ❺ ________ in New York Harbor. Immigrants that went to the United States by ship were ❻ ________ by the Statue of Liberty.

✔ *Check Your Background Knowledge*

Circle the correct words.

1. In the United States of America, many states had (*laws* / *towns*) that allowed slavery.
2. Many slaves had to work without freedom or (*pay* / *tools*).
3. There were many people, including Abraham Lincoln, in the northern part of the United States who wanted laws against (*farming* / *slavery*).

Abraham Lincoln

▲ Abraham Lincoln

Abraham Lincoln was the 16th president of the United States. His family was poor, so he was mostly self-educated. However, he became a lawyer and politician. And eventually, he was elected as the president in 1860.

While Lincoln was the president, the United States was divided into the North and the South. The North wanted freedom and the Constitution, which would guarantee it. But the South wanted slavery. Slavery meant no freedom. The Civil War broke out because of this conflict.

❶During the Civil War, Lincoln gave many speeches. His well-known speech is called the Gettysburg Address. It was a short speech about how humans need freedom to survive.

On January 1, 1863, Lincoln signed the Emancipation Proclamation.

Vocabulary

- **self-educated:** educated by your own efforts rather than by formal instruction
- **constitution:** law determining the fundamental political principles of a government
- **guarantee:** to provide a formal assurance, especially that certain conditions will be fulfilled
- **slavery:** the practice of owning slaves
- **break out:** to start abruptly

▲ *the Battle* by Thure de Thulstrup

This promised freedom to the people of America. ❷It gave freedom to the slaves as well. Slavery was abolished as the war ended in 1865. And the two sides were finally reunited.

People say Lincoln was one of the greatest presidents of the United States. Do you know why? He saved the United States from being divided and saved the Constitution, which gave freedom to the people.

(Word Count ▶ 185)

- **conflict:** a fight or a disagreement
- **abolish:** to officially end or stop
- **reunite:** to unify again as in a country

Grammar Quiz

The verb *give*

- **Find the verbs and their objects in sentences ❶ and ❷.**

❶ ______________________

❷ ______________________

Comprehension Checkup

A Choose the best answer.

1. **What is the passage mainly about?**
   a. Abraham Lincoln as a great president
   b. Abraham Lincoln's life with difficulties
   c. how the Civil War broke out and ended
   d. the history of slavery in the United States

2. **What did Abraham Lincoln do before he became the president?**
   a. He was a soldier.
   b. He was a lawyer.
   c. He was a speaker.
   d. He was a teacher.

3. **Which statement about the Civil War is not true?**
   a. It broke out in 1863 and ended in 1865.
   b. The North and the South were reunited after it ended.
   c. The North wanted freedom of slaves, but the South didn't.
   d. It started because of the conflict between the North and the South.

4. **What did Lincoln want to deliver through the Gettysburg Address?**
   a. how the poor suffer
   b. why the Civil War had to stop
   c. what the new Constitution guaranteed
   d. how humans need freedom to survive

LEVEL UP! 5. **Inference** **What can be inferred from the passage?**
   a. Lincoln was born and raised in the North.
   b. The Gettysburg Address made the Civil War end.
   c. It was difficult for slaves to find new jobs after the Civil War.
   d. It took several years for the Emancipation Proclamation to be realized.

LEVEL UP! B **Writing** Write the correct words to complete the sentence.

6. Abraham Lincoln saved the United States from ___*being*___ __________ and saved the Constitution, which __________ __________ to the people.

Vocabulary & Grammar

A Choose the correct words to fill in the blanks.

abolished　self-educated　reunited　Constitution　break out　conflicts

1. ___________ between the North and the South were the cause of the Civil War.
2. The North wanted freedom and the ___________, which would guarantee it.
3. Finally, the two sides of the United States were ___________.
4. In 1865, slavery was ___________ as the war ended.
5. Abraham Lincoln was mostly ___________ because his family was poor.
6. When did the Civil War ___________?

B Fill in the blanks to have the same meaning.

ex.

It gave freedom to the slaves as well.

The verb give → verb+object 1+to object 2

= It gave the slaves freedom as well.

verb+object 2+object 1

1. Lincoln gave many speeches to the public.
   = Lincoln gave the public ___________ ___________.
2. The Gettysburg Address gave a big support to the North.
   = The Gettysburg Address gave ___________ ___________ a big support.
3. The Constitution gave freedom to the people.
   = The Constitution gave the people ___________.

Organization & Summary

A Sequence **Order the sentences.**

How Slavery Was Abolished in the United States	
1	The United States was divided into the North and the South.
	Lincoln gave many speeches, such as the Gettysburg Address.
	Slavery was abolished as the Civil War eventually ended.
	Lincoln signed the Emancipation Proclamation, which promised freedom to the people of America.
	The Civil War broke out.

B **Fill in the blanks to complete the summary.**

gave divided slavery presidents abolished Constitution

While Lincoln was the president, the United States was ❶ __________ into the North and the South. The North wanted ❷ __________ to be ended, but the South didn't. The Civil War broke out. Lincoln ❸ __________ many speeches to the public. He signed the Emancipation Proclamation. Slavery was ❹ __________ as the war ended in 1865. And the two sides were finally reunited. He saved the United States from being divided and saved the ❺ __________. People say Lincoln was one of the greatest ❻ __________ of the United States.

✔ *Check Your Background Knowledge*

Circle the correct words.

1. Body parts often come (*alone* / *in pairs*).
2. This means you have spares if body parts get (*started* / *damaged*).
3. At 12, Thomas Edison (*suffered* / *studied*) from scarlet fever and became deaf.

Helen Keller

[1] There was a young child who could not see or hear. But she became a famous author. [2] She gave speeches and raised money for people who needed help. Her name was Helen Keller.

Helen became blind and deaf when she was 18 months old. Life was hard for Helen until she became seven years old. Her parents hired a tutor named Anne Sullivan.

▲ Helen Keller

In just a few days, Anne taught Helen how to write. Anne poured water onto Helen's hand. Then, she used her finger to write W-A-T-E-R on the palm of Helen's hand. She gave Helen a rock and wrote R-O-C-K on Helen's palm. In that way, Helen learned how to read and write by touching things.

Vocabulary

- **author:** a writer of a book, article, or document
- **blind:** unable to see
- **deaf:** unable to hear
- **tutor:** a private teacher
- **pour:** to flow rapidly in a steady stream

Anne taught her Braille. Braille is a special way for blind people to read. Helen learned quickly. Soon, Helen learned about the world. She wrote a story called "The Frost King" when she was 11 years old. She even studied at a university.

Helen did not let her disabilities stop her from achieving her goals. Helen taught us that dreams come true as long as we never give up.

(Word Count ▶ 187)

▲ Helen Keller with Anne Sullivan

- **university:** a high-level educational institution where students study for degrees
- **disability:** a physical or mental handicap
- **give up:** to stop trying

Grammar Quiz

Relative pronoun *who*

- **Find what *who* refers to in sentences ❶ and ❷.**

❶ ______________________

❷ ______________________

Comprehension Checkup

A Choose the best answer.

1. **What is the passage mainly about?**
   a. how Helen Keller achieved her goals
   b. the first story written by Helen Keller
   c. how to be a good tutor like Anne Sullivan
   d. why Helen Keller raised money for the poor

2. **What were Helen Keller's disabilities?**
   a. She could not give up.
   b. She could not see or hear.
   c. She could not walk or talk.
   d. She could not read or write.

3. **What is Braille?**
   a. It's what Helen Keller studied in school.
   b. It's a special way for blind people to read.
   c. It's the title of a story written by Helen Keller.
   d. It's the first letter that Helen Keller learned to write.

4. **Which statement about Anne Sullivan is not true?**
   a. She taught Helen Keller how to read and write.
   b. She advised Helen Keller to go on to university.
   c. She became Helen Keller's tutor when Helen was seven.
   d. Helen Keller couldn't have made her dreams come true without her.

LEVEL UP! 5. **Purpose** **Why does the author mention water and a rock in paragraph 3?**
   a. to explain Helen Keller's disabilities
   b. to give examples of Anne Sullivan's great teaching skills
   c. to show that both Helen Keller and Anne Sullivan were sensitive
   d. to stress the difficulty Anne Sullivan had in teaching Helen Keller

LEVEL UP! B **Writing** Write the correct words to complete the sentence.

6. Helen Keller did not ___*let*___ ________ ________ ________ her from achieving her goals.

Vocabulary & Grammar

A Choose the correct words to fill in the blanks.

deaf	disabilities	give up	tutor	university	poured

1. Helen was introduced to a __________ named Anne Sullivan by her parents.
2. Helen Keller did not __________ and achieved her goals.
3. She did not let her __________ stop her from making her dreams come true.
4. She became blind and __________ when she was 18 months old.
5. Helen Keller even studied at a __________.
6. Anne Sullivan __________ water onto Helen's hand to teach her how to write.

B Choose the appropriate places for the relative pronoun *who*.

ex. **There was a young child who could not see or hear.**
Relative pronoun who

1. She gave speeches and ① raised money for people ② needed help ③.
2. Helen became the blind girl ① could not see ② when ③ she was 18 months old.
3. Helen was ① introduced to ② a tutor ③ had special teaching skills.
4. Anne Sullivan ① was the person ② taught Helen Keller ③ how to read and write.
5. It was ① Helen Keller ② wrote ③ "The Frost King."

Organization & Summary

A **Sequence** Order the sentences.

The Life of Helen Keller	
1	Helen Keller became blind and deaf when she was 18 months old.
	She studied at a university.
4	Anne Sullivan taught her Braille.
	Her parents hired a tutor named Anne Sullivan.
	She wrote a story called "The Frost King" when she was 11.
	Anne Sullivan started to teach her how to read and write by touching things.
	She gave speeches and raised money for people who needed help.

B Fill in the blanks to complete the summary.

disabilities	raised	Braille	deaf	hired	touching

When Helen was 18 months old, she became blind and ❶ __________. When Helen was 7 years old, her parents ❷ __________ a tutor named Anne Sullivan. In just a few days, Anne taught Helen how to read and write by ❸ __________ things. And she taught Helen ❹ __________. When Helen was 11 years old, Helen wrote a story. Later, she gave speeches and ❺ __________ money for people who needed help. Helen did not let her ❻ __________ stop her from achieving her goals.

· Review Test ·

▶ Answer Key p.72

A. Check the correct words to complete the sentences.

1. In ancient Egypt, the Nile created a __________ green valley in the desert.
   a. fertile b. mighty c. ancient d. well-known

2. Millions of workers __________ the Great Pyramid and the Sphinx.
   a. read b. taught c. created d. survived

3. Nothing in the region survived __________ the Nile.
   a. to b. without c. through d. from

4. America __________ their independence from the king of England in 1776.
   a. brought b. declared c. divided d. greeted

5. France wanted to __________ their friendship with the United States.
   a. carve b. buy c. ship d. remember

6. __________ that went to the United States by ship were greeted by the Statue of Liberty.
   a. Lawyers b. Presidents c. Goddesses d. Immigrants

7. Abraham Lincoln's family was poor, so he was mostly __________.
   a. elected b. celebrated c. well-known d. self-educated

8. The Gettysburg Address was a short __________ about how humans need freedom to survive.
   a. war b. law c. speech d. constitution

9. Anne __________ water onto Helen's hand.
   a. hired b. wrote c. poured d. learned

10. She used her finger to write W-A-T-E-R on the __________ of Helen's hand.
    a. author b. book c. goal d. palm

B. Correct the underlined parts.

1. This fertile land made one of the <u>older</u> civilizations in the world possible.
   ➡ ____________________

2. The Nile was the <u>quicker</u> and easiest way to travel from inland areas to the sea. ➡ ____________________

3. Ancient Egypt became the most powerful empire <u>for</u> the ancient world.
   ➡ ____________________

4. It was a gift <u>to celebrating</u> their declaraion of independence from the King of England. ➡ ____________________

5. She has a torch in her right hand <u>to shone</u> the light of reason.
   ➡ ____________________

6. Lincoln gave many speeches <u>the public</u>. ➡ ____________________

7. The Gettysburg Address gave a big support <u>and</u> the North.
   ➡ ____________________

8. She gave speeches and raised money for people <u>for</u> needed help.
   ➡ ____________________

9. There was a young child <u>which</u> could not see or hear.
   ➡ ____________________

10. It's Helen Keller <u>what</u> wrote "The Frost King." ➡ ____________________

Social Studies

Unit 13

Cause & Effect

The First Thanksgiving

✓ *Check Your Background Knowledge*

Circle the correct words.

1. The Pilgrims were a group of people who (*swam* / *traveled*) from England to America.
2. The Pilgrims left England because of (*religious* / *physical*) differences with the Church of England.
3. The Pilgrims (*built* / *bought*) a colony called Plymouth.

The First Thanksgiving 

▲ the *Mayflower*

In 1620, one hundred people arrived in the new land by the ship which was called the *Mayflower*. They were the Pilgrims who had left England. Because King James did not allow them to practice their own religion, they had left their homeland.

❶They called the new land New England. However, their lives were hard and tough. The winter was longer, bitter, and colder than the winter in their homeland. Only 50 people survived as the winter dragged on.

The next spring, the Pilgrims met some Native Americans. They taught the Pilgrims how to plant crops and vegetables. ❷They also showed the Pilgrims how to fish and hunt. The Pilgrims began to plant and hunt as they had been taught.

Finally, it was time to harvest the crops. Now, the Pilgrims had

Vocabulary

- **allow:** to consent to; to give permission
- **practice:** to follow religious beliefs
- **homeland:** the country where a person was born
- **drag on:** to proceed for an extended period of time
- **plant:** to put or set in the ground for growth, as seeds or young trees

▲ *The First Thanksgiving* by Jean Leon Gerome Ferris

enough food to eat during the cold winter. They decided to have a feast to celebrate the harvest. They invited the Wampanoag people who helped them survive in the new land.

This feast was later called the first *Thanksgiving* by President Abraham Lincoln. In 1863, he adopted the fourth Thursday of November as the official Thanksgiving Day.

(Word Count ▶ 189)

- **harvest:** to gather (a crop)
- **feast:** a meal that is well-prepared and greatly enjoyed
- **adopt:** to choose and follow

Grammar Quiz

Verbs with two objects: ***call, teach, show***

- **Find two objects in sentences ❶ and ❷.**

❶ ______________________

❷ ______________________

Comprehension Checkup

A Choose the best answer.

1. **What is the passage mainly about?**
   a. what the *Mayflower* was
   b. how Native Americans lived
   c. why the Pilgrims left England
   d. how Thanksgiving Day started

2. **What is not mentioned in the passage?**
   a. the reason why the Pilgrims left their homeland
   b. the difficulties the Pilgrims had in the new land
   c. what some Native Americans taught the Pilgrims
   d. what crops and vegetables grew well in New England

3. **Which statement about the Wampanoag people is true?**
   a. They invited the Pilgrims to welcome them.
   b. They helped the Pilgrims survive in the new land.
   c. They learned how to fish and hunt from Native Americans.
   d. They gave the Pilgrims enough food to eat during the winter.

4. **What did Abraham Lincoln do according to paragraph 5? (Choose two answers.)**
   a. He set the date of the official Thanksgiving Day.
   b. He called the harvest feast the first Thanksgiving.
   c. He organized the farming skills of Native Americans.
   d. He allowed the Pilgrims to fish and hunt in the new land.

LEVEL UP! 5. **Purpose** **Why does the author mention that 50 people survived in paragraph 2?**
   a. to stress how difficult the winter was for the Pilgrims
   b. to explain why the Pilgrims started to plant and hunt
   c. to prove that King James drove the Pilgrims out of England
   d. to give a detail of how many Pilgrims had left their homeland

LEVEL UP! B **Writing** Write the correct words to complete the sentence.

6. The first Thanksgiving began as the Pilgrims had ____a____ ____________ ____________ ____________ the harvest.

Vocabulary & Grammar

A Choose the correct words to fill in the blanks.

homeland	practice	feast	plant	allow	dragged on

1. The winter in the new land was longer, bitter, and colder than the winter in their ___________.
2. They went to America to ___________ their own religion.
3. Only 50 people survived because the winter ___________.
4. The Pilgrims learned how to ___________ crops and vegetables from the Native Americans.
5. The Pilgrims had a ___________ to celebrate the harvest.
6. King James did not ___________ the Pilgrims to practice their own religion.

B Circle the first object and underline the second object.

ex.
They called the new land New England.
Verbs with two objects → verb + object 1 + object 2

1. They taught the Pilgrims how to plant crops and vegetables.
2. They also showed the Pilgrims how to fish and hunt.
3. Abraham Lincoln called this feast the first *Thanksgiving*.
4. The Pilgrims called their ship the *Mayflower*.
5. They called the new land New England.

Organization & Summary

A **Cause & Effect** Fill in the blanks to complete the organizer.

Cause		Effect
King James didn't allow the Pilgrims to practice their own 1. ________.	→	The Pilgrims left their 2. ________.
The winter in the new land was longer, 3. ________, and colder than the winter in England.	→	Only 50 people survived.
Some Native Americans taught the Pilgrims how to plant, fish, and hunt.	→	The Pilgrims had 4. ________ food to eat during the cold winter.
The Pilgrims had a feast to celebrate the 5. ________.	→	The feast was later called the first 6. ________.

homeland **Thanksgiving** **enough** **harvest** **religion** **bitter**

B Fill in the blanks to complete the summary.

invited **feast** **allow** **survived** **taught** **food**

Because King James did not ❶ ________ the Pilgrims to practice their own religion, they left England and arrived in the new land in 1620. Only 50 people ❷ ________ as the bitter winter dragged on. The next spring, some Native Americans ❸ ________ the Pilgrims how to plant, fish, and hunt. The Pilgrims had enough ❹ ________ to eat during the cold winter. They decided to have a ❺ ________ to celebrate the harvest. And they ❻ ________ the Native Americans.

Social Studies

Unit 14

Main Idea & Details

The Wild West

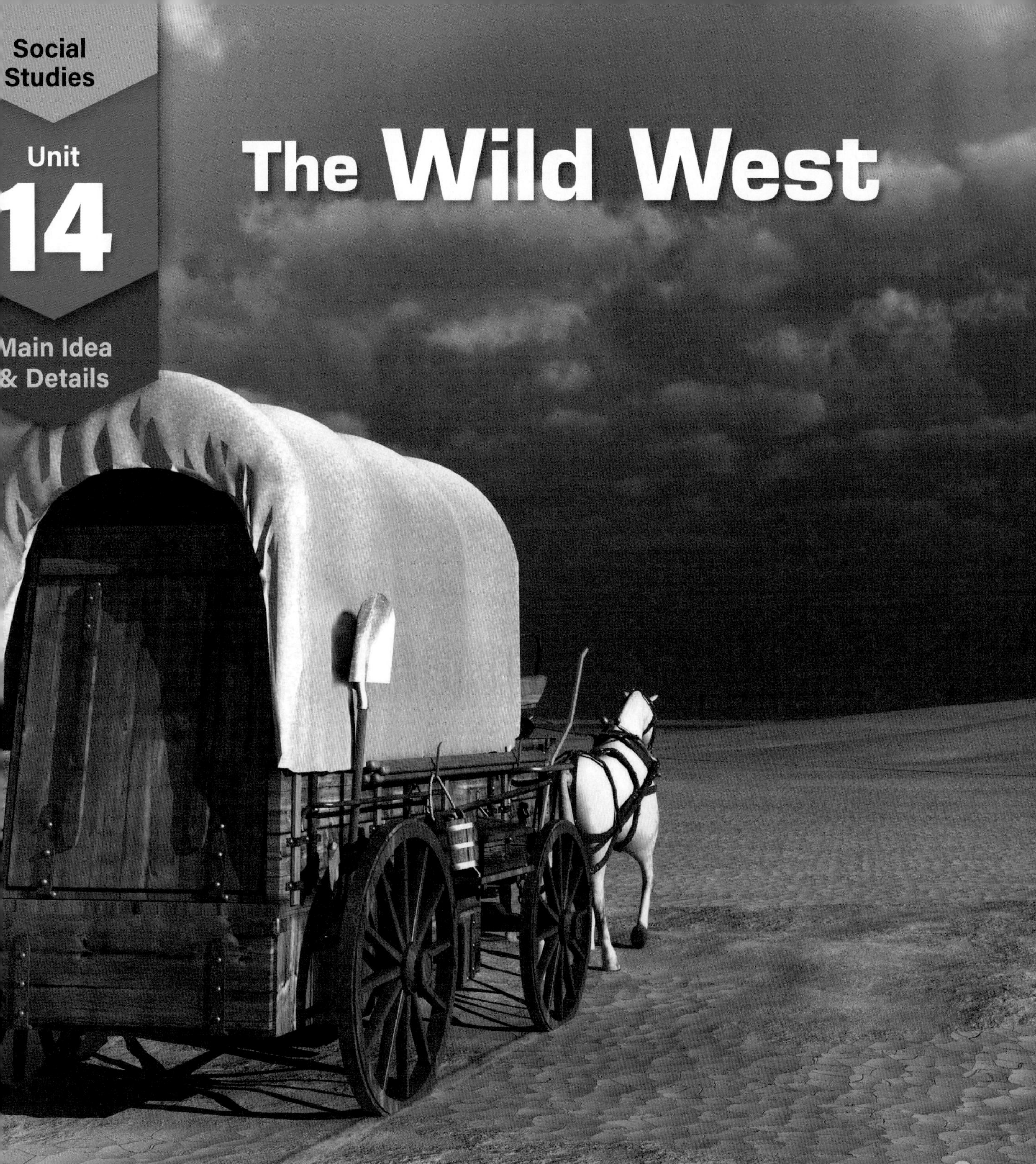

✔ *Check Your Background Knowledge*

Circle the correct words.

1. North America is the third-largest (*ocean* / *continent*).
2. Canada is (*the richest* / *the largest*) country in North America.
3. The United States of America is in the (*central* / *temperate*) part of North America.

The Wild West

In 1820, thousands of people moved west of the Mississippi River. This period is called the Wild West. Some hoped for religious freedom, while others hoped to discover gold or silver. Still others traveled in search of cheap land. [1] They traveled long distances in wagon trains. One common thing that they were looking for was better lives.

In this period, many conflicts occurred, too. Before the movement, the western lands were occupied by the Native Americans. The people moving onto these lands claimed the land as theirs. Many Native Americans were forced to leave their homes. Many of the Native Americans, new settlers, and soldiers died fighting each other.

▲ *U.S. Cavalry Pursuing American Indians* by unknown

Vocabulary

- **religious:** relating to religion
- **discover:** to find someone or something
- **distance:** how far the space between two objects or points is
- **claim:** to say that (something) belongs to you or that you deserve (something)
- **peak:** the period of greatest prosperity or productivity

This movement reached its peak in the 1840s. Gold was discovered at a mine in California. Soon, many people arrived to seek their fortunes. ❷This migration became known as the California Gold Rush.

The American Wild West was a time of great hardship. It was also a time of heroes, adventures, and discoveries. The history of the American Wild West was so dramatic that it has become a part of American culture.

(Word Count ▶ 181)

▲ gold mine

- **seek:** to try to get or reach
- **hardship:** pain and suffering
- **dramatic:** greatly affecting people's emotions

Grammar Quiz

Prepositions: ***in, as***

- **Find the prepositions in sentences ❶ and ❷.**

❶ ______________________

❷ ______________________

Comprehension Checkup

A Choose the best answer.

1. **What is the passage mainly about?**
   a. when people found gold
   b. the weather in California
   c. the time during the Wild West
   d. why people fought in the 1800s

2. **What is not a reason for people moving to the western lands in 1820?**
   a. to search for cheap land
   b. to discover gold or silver
   c. to seek religious freedom
   d. to force Native Americans to leave their homes

3. **Why did many conflicts occur during the Wild West?**
   a. because soldiers died fighting for the lands
   b. because new settlers were forced to move to their homes
   c. because both Native Americans and new settlers claimed the lands
   d. because Native Americans claimed the mine in the California as theirs

4. **What was the event called that made so many people go to California to seek their fortunes?**
   a. the Wild West
   b. the California Gold Rush
   c. the Adventures of Heroes
   d. the Gold Mine in California

LEVEL UP! 5. **Inference** **What can be inferred from the passage?**
   a. Native Americans failed to protect their homeland.
   b. Soldiers helped Native Americans to fight the new settlers.
   c. Before the Wild West, the western lands were undeveloped.
   d. Most of the people who moved onto the land in California became rich.

LEVEL UP! B **Writing** Write the correct words to complete the sentence.

6. The American Wild West was a time of great *hardship*, ____________, ____________, and ____________.

Vocabulary & Grammar

A Choose the correct words to fill in the blanks.

dramatic	discovered	claimed	distances	seek	peak

1. In the 1840s, the Wild West reached its ___________.
2. The people moving onto Native Americans' lands ___________ the land as theirs.
3. In California, gold was ___________ at a mine.
4. People used wagon trains to travel long ___________.
5. The American Wild West was so ___________ that it became a part of American culture.
6. Many people went to California to ___________ their fortunes.

B Choose the correct words to complete the sentences.

ex. **They traveled long distances in wagon trains.**
Prepositions: in, as

1. The people moving onto these lands claimed the land (*in* / *as*) theirs.
2. (In / As) this period, many conflicts occurred, too.
3. This movement reached its peak (*in* / *as*) the 1840s.
4. Gold was discovered at a mine (*in* / *as*) California.
5. This migration became known (*in* / *as*) the California Gold Rush.

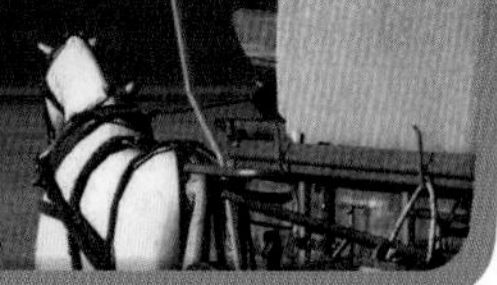

Organization & Summary

A **Main Idea & Details** Fill in the blanks to complete the organizer.

Main Idea: The Wild West, A Time of Hardship

Detail 1: Moving to the Western Land	Detail 2: Many Conflicts	Detail 3: California Gold 4. ______
• for 1. ______ freedom • to discover gold or silver • to search for cheap land	• New settlers 2. ______ the land as theirs. • Native Americans were 3. ______ to leave their homes.	• Gold was discovered at a 5. ______ in California. • Many people arrived to seek their 6. ______.

mine　claimed　rush　forced　religious　fortunes

B Fill in the blanks to complete the summary.

period　seek　died　migration　conflicts　better

Lots of people moved west of the Mississippi River in 1820 to look for ❶ ______ lives. This ❷ ______ is called the Wild West. The new settlers claimed Native American land as theirs. Many ❸ ______ occurred and many of the Native Americans, new settlers, and soldiers ❹ ______ fighting each other. In 1840, gold was discovered at a mine in California. Soon, many people arrived to ❺ ______ their fortunes. This ❻ ______ became known as the California Gold Rush.

Social Studies

Unit 15

Listing

Good Citizens

✔ *Check Your Background Knowledge*

Circle the correct words.

1. A community is a place where people (*buy* / *share*) the same environment.
2. An urban area is (*a city* / *a lake*) and the places around it.
3. Rural areas are mostly made up of (*farmland* / *suburb*).

Social Studies

Good Citizens

There are more than 200 countries in the world. And every country has different citizens. But there are common rules for citizens to make their lives better.

❶Citizens have to obey the law and pay taxes. A tax is money that people pay to the government. Taxes pay for schools, roads, and other things provided by the government. Voting is also a very important responsibility of a citizen. Citizens have to choose the people who will best represent them by voting.

▲ voting

You cannot vote or pay taxes yet. You are still too young. However, you can be a good citizen. Do not throw trash on the street. Instead, put it in trash cans. Obey traffic signals. ❷You should not

Vocabulary

- **citizen:** a person who lives in a particular country
- **common:** followed by many people
- **tax:** a charge against a citizen's property or activity for the support of the government
- **government:** a particular system used for controlling a country
- **responsibility:** a duty or task that you are required or expected to do

Good Citizens

cross a street when the crosswalk light is red. Be friendly and nice to others. Always treat people with respect. That means you should never say rude things to people. Most of all, follow the rules of the community that you belong to.

Being a good citizen is very important for us and our communities. It means that we make our country and community safer and stronger.

(Word Count ▶ 186)

- **represent:** to act or speak officially for (someone or something)
- **treat:** to interact in a certain way
- **community:** a group of people who live in the same area

Grammar Quiz

Auxiliary verbs that indicate duty

- **Find the auxiliary verbs in sentences ❶ and ❷.**

❶ ______________________

❷ ______________________

Comprehension Checkup

A Choose the best answer.

1. **What is the passage mainly about?**
   a. the history of voting
   b. common rules for citizens
   c. various reasons to pay taxes
   d. different rules for citizens in different communities

2. **How do citizens choose the people who will represent them?**
   a. by voting
   b. by obeying rules
   c. by paying taxes to the government
   d. by making their communities stronger

3. **Why can't you pay taxes yet?**
   a. Because I'm too old.
   b. Because I'm too young.
   c. Because I'm not a citizen yet.
   d. Because I do not have any money.

4. **Which is not a way to be a good citizen?**
   a. Do not throw trash on the street.
   b. Be friendly and say rude things to people.
   c. Cross a street when the crosswalk light is green.
   d. Follow the rules of the community that you belong to.

LEVEL UP! 5. **Inference** **What can be inferred about taxes from paragraph 2?**
   a. Citizens who obey the law do not pay any taxes.
   b. The government should not force citizens to pay taxes.
   c. Only citizens who pay taxes can have the responsibility to vote.
   d. Public facilities in a community are maintained by taxes from its citizens.

LEVEL UP! B **Writing** Write the correct words to complete the sentence.

6. ___*Being*___ ________ ________ ________ makes our country and community safer and stronger.

Vocabulary & Grammar

A Choose the correct words to fill in the blanks.

community **government** **taxes** **responsibility** **citizen** **treat**

1. Citizens have to pay __________ to make their lives better.
2. You always have to __________ people with respect.
3. A tax is the money that your parents pay to the __________.
4. As a citizen, voting is a very important __________.
5. Following the common rules makes your __________ stronger.
6. Being a good __________ is very important for us and our communities.

B Choose the correct words to complete the sentences.

ex. **Citizens have to obey the law and pay taxes.**
Auxiliary verbs that indicate duty

1. Citizens (*have to* / *don't have to*) choose the people who will best represent them by voting.
2. You (*should* / *should not*) cross a street when the crosswalk light is red.
3. You (*have to* / *should not*) put trash in trash cans.
4. You (*should* / *should not*) be friendly and nice to others.
5. You (*should* / *should not*) never say rude things to people.

Organization & Summary

A **Listing** **Fill in the blanks to complete the organizer.**

How To Be a Good Citizen

1. __________ the law.
2. Pay taxes for schools, roads, and other things provided by the __________.
3. Vote to choose the people who will best __________ you.
4. Obey traffic __________.
5. Be nice to others and __________ people with respect.
6. Follow the rules of the community that you __________ to.

government **signs** **obey** **treat** **represent** **belong**

B **Fill in the blanks to complete the summary.**

rules **law** **respect** **voting** **trash** **safer**

There are common ❶__________ for citizens to make their lives better. Citizens have to obey the ❷__________ and pay taxes. Taxes pay for schools, roads, and other things provided by the government. Citizens have to choose the people who will best represent them by ❸__________. Do not throw ❹__________ on the street. Obey traffic signals. Always treat people with ❺__________. Follow the rules of the community that you belong to. It can make our country and community ❻__________ and stronger.

Chinese New Year

✔ *Check Your Background Knowledge*

Circle the correct words.

1. Asia is the largest (*county* / *continent*) on Earth.
2. Asia contains some of the world's highest (*deserts* / *mountains*) and longest rivers.
3. Asia is (*provided* / *surrounded*) by the Mediterranean Sea, the Black Sea and so on.

Chinese New Year

Chinese New Year is the most important holiday in China. [1]Unlike New Year's Day, it is in January or February.

This holiday starts on New Year's Eve. Families have a big dinner. They set extra places at the dinner table for their missing ancestors. At midnight on New Year's Eve, people open their doors and windows. This lets the old year out and welcomes the New Year. They also set off firecrackers, which make loud bangs.

On New Year's Day, there are big festivals in every Chinese community. People dress up in long dragon costumes and dance in the streets.

▼ Chinese New Year fireworks

Vocabulary

- **holiday:** time away from work devoted to rest or pleasure
- **extra:** more than is needed
- **ancestor:** someone from whom a person is descended
- **set off:** to cause to explode
- **firecracker:** a small cardboard container filled with explosive powder and lit by a fuse
- **costume:** the clothes worn in a play or at a fancy dress ball

▲ Chinese New Year celebration

Children wearing red clothes enjoy watching the dances. At every home, adults give money in red envelopes to their children. The Chinese believe that the color red brings luck. Chinese New Year ends with the lantern festival. ❷People make lanterns and hang them on their front doors at night.

The New Year is celebrated for two weeks. People celebrate the ending of the long winter season and the beginning of spring. Thus, Chinese New Year is also known as the spring festival.

(Word Count ▶ 182)

- **envelope:** a flat container for a letter or thin package
- **luck:** the things that happen to a person because of chance

Grammar Quiz

Conjunctions: *and, or*

- **Find the conjunctions and what they connect in sentences ❶ and ❷.**

❶ ______________ ❷ ______________

Comprehension Checkup

A Choose the best answer.

1. **What is the passage mainly about?**
   a. various festivals in China
   b. unique traditions of the Chinese
   c. how the Chinese celebrate the New Year
   d. differences between Chinese New Year and New Year's Day

2. **What do the Chinese not do on New Year's Eve?**
   a. They set off firecrackers.
   b. They hang lanterns on their front doors.
   c. They set extra places at the dinner table for their ancestors.
   d. They open their doors and windows to welcome the New Year.

3. **Why do adults give money in red envelopes to their children?**
   a. because most Chinese children like red the best
   b. because the Chinese believe that red brings luck
   c. because children wear red clothes on New Year's Day
   d. because the Chinese think red is a symbol of their ancestors

4. **Why is Chinese New Year known as the spring festival?**
   a. because Chinese New Year is in March, not February
   b. because the Chinese set off firecrackers and make lanterns
   c. because the Chinese also celebrate the beginning of spring
   d. because Chinese New Year is celebrated for more than two weeks

LEVEL UP! 5. **Inference** **What can be inferred from the passage?**
   a. The Chinese believe that dragons bring luck.
   b. Chinese New Year is the longest holiday in the world.
   c. The door is the most important part of the house in China.
   d. Chinese New Year shows well the features and traditions of the Chinese.

LEVEL UP! B Writing Write the correct words to complete the sentences.

6. Chinese New Year is the most important holiday in China. It ___*celebrates*___ ________ ________ ________ the New Year and spring.

Vocabulary & Grammar

A Choose the correct words to fill in the blanks.

extra	envelopes	set off	costumes	holiday	luck

1. The Chinese believe that the color red brings ___________.
2. They also ___________ firecrackers that make loud bangs.
3. People dress up in long dragon ___________ on New Year's Day.
4. Chinese New Year is the biggest ___________ in China.
5. Children get money in red ___________ from adults.
6. People in China set ___________ places at the dinner table for their missing ancestors.

B Choose the correct words to complete the sentences.

ex. **Unlike New Year's Day, it is in January or February.**
Conjunctions: and, or

1. At midnight on New Year's Eve, people open their doors and (*windows* / *window's*).
2. This lets the old year out and (*welcome* / *welcomes*) the New Year.
3. People dress up in long dragon costumes and (*dance* / *dancing*) in the streets.
4. People make lanterns and (*hang* / *to hang*) them on their front doors at night.
5. People celebrate the ending of the long winter season and (*to begin of* / *the beginning of*) spring.

Organization & Summary

A **Main Idea & Details** Fill in the blanks to complete the organizer.

Main Idea: How The Chinese Celebrate The New Year

Detail 1: On New Year's 1. ________	Detail 2: On New Year's Day	Detail 3: The 5. ________ Festival
• set extra places at the table for the 2. ________ • open doors and windows to let the old year out • set off firecrackers	• dress up in long dragon costumes and dance • Adults give 3. ________ in red envelopes to their children. • make 4. ________ and hang them	• celebrate the ending of the long winter and the 6. ________ of spring

spring ancestors beginning eve lanterns money

B Fill in the blanks to complete the summary.

envelopes dragon ending holiday welcome firecrackers

Chinese New Year is the most important ❶ ________ in China. On New Year's Eve, families have a big dinner. At midnight, people open their doors and windows to let the old year out and ❷ ________ the New Year. They also set off ❸ ________. On New Year's Day, people dress up in ❹ ________ costumes and dance in the streets. Adults give money in red ❺ ________ to their children. People celebrate the ❻ ________ of the long winter and the beginning of spring.

· Review Test ·

▶ Answer Key p.73

A. Check the correct words to complete the sentences.

1. **King James did not allow the Pilgrims to __________ their own religion.**
   a. harvest b. plant c. practice d. invite

2. **Only 50 people survived as the winter __________ on.**
   a. dragged b. left c. taught d. adopted

3. **Before the movement, the western lands were __________ by the Native Americans.**
   a. found b. reached c. forced d. occupied

4. **Gold was discovered at a __________ in California.**
   a. wagon b. mine c. part d. community

5. **There are __________ rules for citizens to make their lives better.**
   a. provided b. young c. common d. friendly

6. **Voting is a very important __________ of a citizen.**
   a. government b. respect c. signal d. responsibility

7. **Citizens have to choose the people who will best __________ them by voting.**
   a. represent b. obey c. claim d. seek

8. **The Chinese set extra places at the dinner table for their __________ ancestors.**
   a. dancing b. loud c. missing d. strong

9. **Opening doors __________ the old year out and welcomes the New Year.**
   a. sets b. hangs c. wears d. lets

10. **The Chinese believe that the color red brings __________.**
    a. luck b. festivals c. spring d. envelopes

B. Correct the underlined parts.

1. They called the new land as New England. ➡ ____________

2. They also showed to the Pilgrims how to plant crops and vegetables. ➡ ____________

3. They traveled long distances as wagon trains. ➡ ____________

4. The people moving onto these lands claimed the land in theirs. ➡ ____________

5. This migration became known in the California Gold Rush. ➡ ____________

6. Citizens have to obeying the law and pay taxes. ➡ ____________

7. You should not never say rude things to people. ➡ ____________

8. At midnight on New Year's Eve, people open their doors and window's. ➡ ____________

9. This lets the old year out and welcome the New Year. ➡ ____________

10. People dress up in long dragon costumes and to dance in the streets. ➡ ____________

PART 3

Language Arts & Math

The Magic Pot

✓ Check Your Background Knowledge

Circle the correct words.

1. Once, a farmer went to the nest of his (*lion* / *goose*) and found an egg.
2. He (*sold* / *broke*) the golden egg for a lot of money.
3. As he grew rich, he grew (*fat* / *greedy*).

Language Arts

The Magic Pot

There was an old lady called Grandma Witch. She could make magic potions. She needed help with the chores. That's why Big Anthony, her nephew, came to stay with her. (A)

❶One day, Big Anthony heard Grandma Witch singing a spell over her pasta pot. (B) She boiled a pot of pasta while singing, "Bubble, bubble magic pot with my pasta!" Soon the pot was filled with tempting pasta. Big Anthony was so surprised that he failed to notice that Grandma Witch blew the pot three kisses in order to make it stop producing pasta.

When Grandma Witch went out to the grocery store, Big Anthony dashed to the pot and repeated Grandma Witch's spell. (C) Soon, the pot started to produce more pasta. (D) ❷However, Big Anthony felt that something was seriously wrong. The pot would not stop producing pasta. Grandma Witch's pot overflowed with pasta. Soon, pasta was flowing throughout the entire house. Big Anthony did not know how to make it stop.

Vocabulary

- **potion:** a medicinal, magical, or poisonous beverage
- **chore:** a small job that is done regularly
- **boil:** to cook (something) in water that is boiling
- **tempting:** highly attractive
- **repeat:** to say again or to imitate

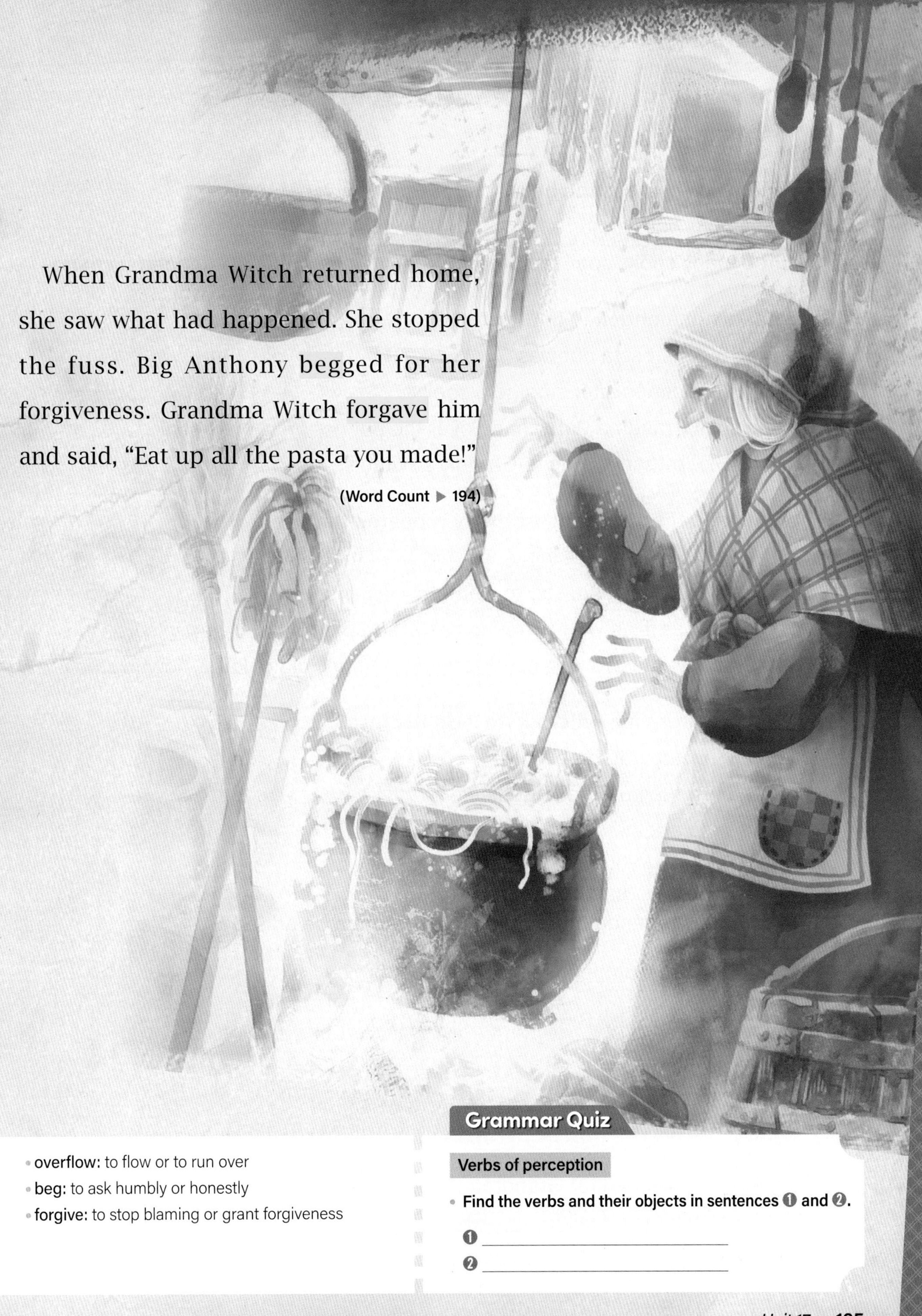

When Grandma Witch returned home, she saw what had happened. She stopped the fuss. Big Anthony begged for her forgiveness. Grandma Witch forgave him and said, “Eat up all the pasta you made!”

(Word Count ▶ 194)

- **overflow:** to flow or to run over
- **beg:** to ask humbly or honestly
- **forgive:** to stop blaming or grant forgiveness

Grammar Quiz

Verbs of perception

- **Find the verbs and their objects in sentences ❶ and ❷.**

❶ ______________________

❷ ______________________

Comprehension Checkup

A Choose the best answer.

1. **Which old saying is the best one for the story?**
   a. Seeing is believing.
   b. A big fish in a little pond.
   c. Too many cooks spoil the broth.
   d. A little learning is a dangerous thing.

2. **What is not mentioned in the story?**
   a. how big the pasta pot was
   b. what happened after singing a spell
   c. the spell Grandma Witch sang over the pot
   d. why Big Anthony came to Grandma Witch's

3. **What happened after Big Anthony repeated the spell?**
   a. Big Anthony's spell didn't work.
   b. The spell was wrong, so Big Anthony was angry.
   c. The pot was filled with tempting pasta, and Big Anthony was so surprised.
   d. The pot overflowed with pasta, but Big Anthony didn't know how to stop it.

4. **What did Grandma Witch do to stop the fuss?**
   a. She blew the pot three kisses.
   b. She blew the pot three bubbles.
   c. She sang another spell over her pasta pot.
   d. She made Big Anthony eat up all the pasta.

LEVEL UP! 5. **Insertion** **Where could the following sentence be added?**

Big Anthony jumped with joy.

a. (A) b. (B) c. (C) d. (D)

LEVEL UP! **B** **Writing** **Write the correct words to complete the sentences.**

6. Big Anthony begged for Grandma Witch's forgiveness for making a fuss. She forgave him and said, "___*Eat*___ ______ ______ ______ ______ you made!"

Vocabulary & Grammar

A **Choose the correct words to fill in the blanks.**

repeated	potions	overflowed	begged	tempting	boiling

1. Big Anthony ___________ Grandma Witch to forgive him.
2. Big Anthony ___________ Grandma Witch's spell.
3. Grandma Witch could make magic ___________.
4. Grandma Witch was ___________ a pot of pasta while singing a spell.
5. ___________ pasta filled the pot.
6. Grandma Witch's pot ___________ with pasta.

B **Choose the correct words to complete the sentences.**

ex. **Big Anthony heard Grandma Witch *singing* a spell over her pasta pot.**
Verbs of perception

1. Big Anthony saw Grandma Witch (*boiled* / *boiling*) a pot of pasta while singing.
2. Big Anthony failed to notice (*so* / *that*) Grandma Witch blew the pot three kisses.
3. Big Anthony felt (*what* / *that*) something was seriously wrong.
4. Big Anthony saw pasta (*flew* / *flowing*) throughout the entire house.
5. When Grandma Witch returned home, she saw (*what* / *that*) had happened.

Organization & Summary

A **Sequence** Order the sentences.

The Magic Pot	
1	Grandma Witch's nephew, Big Anthony, came to her to help with the chores.
4	When Grandma Witch went out to the grocery store, Big Anthony repeated the spell.
	When Grandma Witch returned home, she stopped the fuss.
	Big Anthony saw Grandma Witch boil a pot of pasta while singing a spell.
	The pot was filled with tempting pasta by her spell.
	Big Anthony didn't know how to stop the pot from producing pasta.
	Big Anthony jumped with joy as he saw the pot flowing with pasta.

B Fill in the blanks to complete the summary.

spell **chores** **producing** **tempting** **repeated** **fuss**

Big Anthony came to Grandma Witch's to help her with the ❶__________. Big Anthony saw Grandma singing a ❷__________ over her pasta pot. Soon the pot was filled with ❸__________ pasta. But Big Anthony did not see Grandma Witch blowing the pot three kisses to make it stop ❹__________ pasta. When Grandma Witch went out, Big Anthony ❺__________ Grandma Witch's spell. Soon, pasta was flowing throughout the entire house. But Big Anthony did not know how to make it stop. Grandma Witch stopped the ❻__________.

How Man Got Fire

✓ *Check Your Background Knowledge*

Circle the correct words.

1. Materials found on (*Earth* / *creatures*) are called natural resources.
2. People do not (*make* / *get*) natural resources.
3. We have to be careful not to (*keep on* / *use up*) all our natural resources.

How Man Got Fire

▲ Prometheus statue at Rockefeller Center

A long time ago, there lived a god named Prometheus. ❶His job was to create animals. He created man and gave him Zeus' fire.

Fire made man's life bright and happy. With fire, he could cook and keep himself safe. Man was so happy that he sang songs. Prometheus adored man very much and even taught him about the arts and sciences.

Zeus, a god on Mount Olympus, saw that fire had made man happy and powerful. Zeus worried that man might become strong and wise like him. So Zeus took fire away from man.

Soon, man became weak and shivered in darkness. ❷Prometheus asked Zeus many times to return fire to man. But Zeus would never listen. So Prometheus stole a spark from Zeus' own lightning bolt.

Vocabulary

- **adore:** to love intensely
- **shiver:** to tremble with cold, fear, excitement, etc.
- **spark:** a momentary flash of light
- **bolt:** one stroke of lightning
- **hollow:** having a space, gap, or cavity

Prometheus hurried back to man, carrying the precious spark hidden in the hollow center of a plant.

Zeus was furious. He saw fire burning brightly in man's house. He knew that Prometheus had stolen fire from him. He ordered Prometheus to be chained to the side of a mountain to suffer there for eternity.

(Word Count ▶ 182)

▲ *Prometheus* by Theodoor Rombouts

- **furious:** extremely angry
- **suffer:** to experience pain, illness, or injury
- **eternity:** time without end

Grammar Quiz

To-infinitives

- **Find the to-infinitives in sentences ❶ and ❷.**

❶ ______________________

❷ ______________________

Comprehension Checkup

A Choose the best answer.

1. **What is the passage mainly about?**
   a. how man became strong and wise
   b. how man got lightning bolts from Zeus
   c. conflicts between Prometheus and Zeus
   d. what Prometheus did in order to give man fire

2. **How did fire have an effect on man? (Choose two answers.)**
   a. He became bright and happy.
   b. He could cook and keep himself safe.
   c. He became weak and shivered in darkness.
   d. He could understand the fields of arts and sciences.

3. **Why did Zeus take fire away from man?**
   a. Zeus needed fire in order to use his lightning bolt.
   b. Zeus worried that man might become strong like him.
   c. Zeus was furious because Prometheus didn't do his job given to man.
   d. Even though Zeus adored Prometheus, Prometheus was only interested in man.

4. **How was Prometheus punished for stealing fire?**
   a. He was made to live in fire.
   b. He was made to return the spark.
   c. He was chained to suffer for eternity.
   d. He was made to shiver in darkness for eternity.

LEVEL UP! 5. **Inference What can be inferred from the passage?**
   a. Zeus' lightning bolt was the source of fire.
   b. Zeus took fire away from man again after punishing Prometheus.
   c. Prometheus taught man how to create fire with the help of science.
   d. Prometheus hid the spark in a plant because the plant was also useful for man.

LEVEL UP! B Writing Write the correct words to complete the sentence.

6. Prometheus, who created and adored man, ___*stole*___ __________ __________ __________, which made him suffer for eternity.

Vocabulary & Grammar

A Choose the correct words to fill in the blanks.

eternity	hollow	shivered	adored	bolt	suffer

1. Prometheus hid the precious spark in the ___________ center of a plant.
2. Prometheus was chained to the side of a mountain and left to ___________ there for eternity.
3. Prometheus ___________ man very much and even taught him about the arts and sciences.
4. Man became weak and ___________ in darkness after Zeus took fire away from him.
5. Prometheus stole a spark from Zeus' own lightning ___________.
6. Prometheus was chained to suffer for ___________.

B Choose the correct words to complete the sentences.

ex. **His job was to create animals.**
To-infinitives

1. Zeus was worried (*see* / *to see*) man using fire.
2. Prometheus asked Zeus (*return* / *to return*) fire to man.
3. Zeus was furious (*to notice* / *noticing*) Prometheus stealing fire from him.
4. He ordered Prometheus (*chained* / *to be chained*) to the side of a mountain.
5. Prometheus was punished (*suffered* / *to suffer*) for eternity.

Organization & Summary

A **Sequence** Order the sentences.

How Man Got Fire	
1	Prometheus, a god, created man and adored him very much.
5	Prometheus asked Zeus to return fire to man, but Zeus would never listen.
	Prometheus gave him Zeus' fire, which made man's life bright and happy.
	So Zeus took fire away from man.
	Zeus was so furious that he made Prometheus suffer for eternity.
	Prometheus stole a spark from Zeus' own lightning bolt.
	Zeus, a god on Mount Olympus, was worried that man might become strong and wise like him with fire.

B Fill in the blanks to complete the summary.

safe ordered strong stole created fire

Prometheus ❶ __________ man and gave him Zeus' fire. Man could cook and keep himself ❷ __________ with fire. Zeus worried that man might become ❸ __________ and wise like him. So Zeus took ❹ __________ away from man. Prometheus asked Zeus to return fire to man. But Zeus would never listen. So Prometheus ❺ __________ a spark from Zeus' own lightning bolt and gave it to man. It made Zeus furious. He ❻ __________ Prometheus to be chained to the side of a mountain to suffer there for eternity.

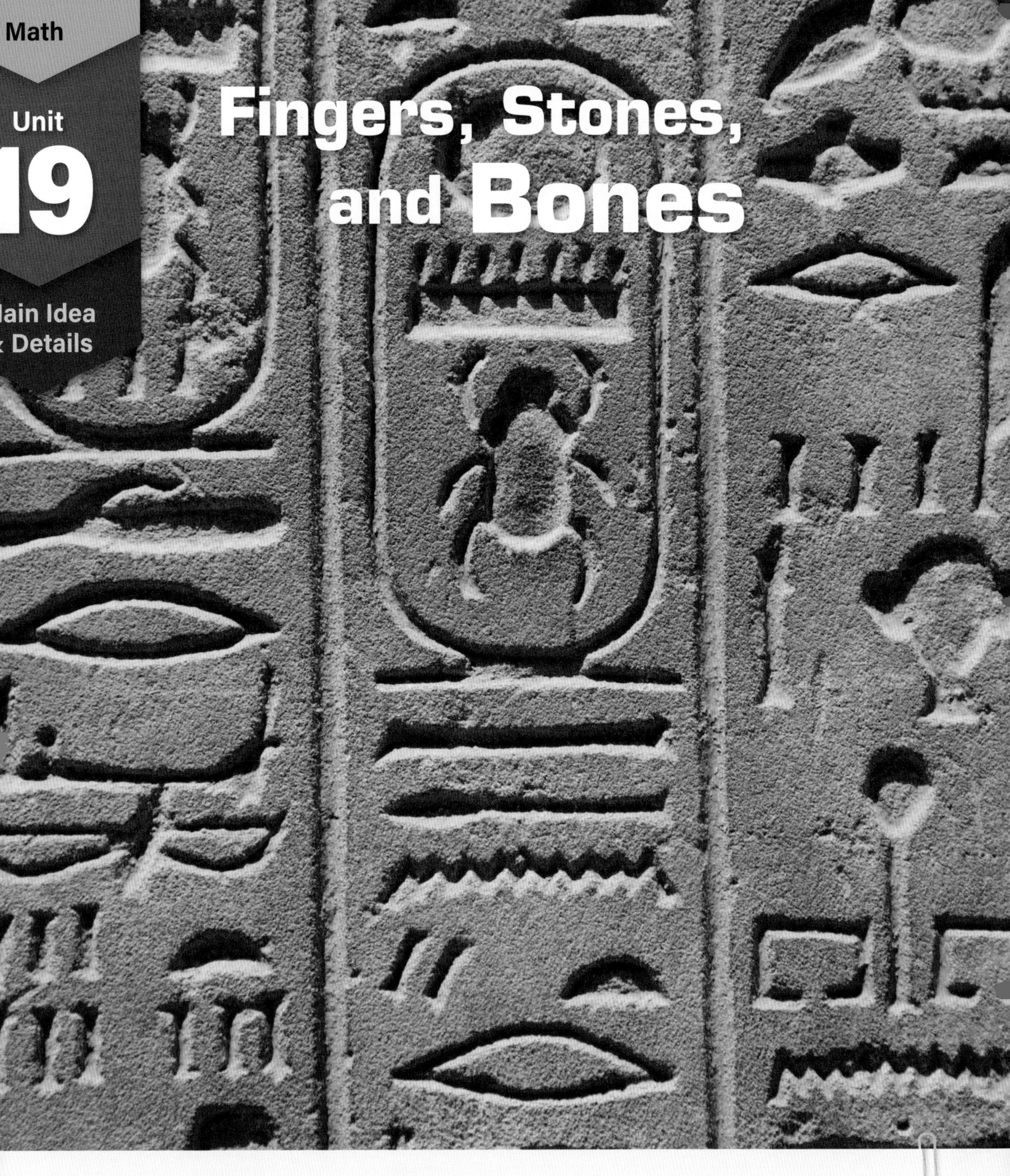

Fingers, Stones, and Bones

✔ *Check Your Background Knowledge*

Circle the correct words.

1. The number that comes (*before* / *after*) another number is always 1 more.
2. The number that comes before another number is always 1 (*less* / *more*).
3. Ordinal numbers name the number of something (*in size* / *in order*).

Math

Fingers, Stones, and Bones

A long time ago, people had no numbers. But they could count. Mathematicians said that the first counter was a cavewoman 30,000 years ago.

She needed to choose the best hunter as her husband. However, people could not count how many deer the hunters had caught. The clever cavewoman started to match one finger to each deer. ❶She counted two fingers for two deer. Soon, she needed ten fingers and ten toes to match and count the deer.

Cave people started to use stones. One stone was for one deer, and two stones were for two deer. But they soon needed a lot of stones. So instead of using stones, they started to use bones to count. ❷They made scratches on the bones. One scratch on a bone was one deer, and

Vocabulary

- **count:** to determine the number or amount of
- **mathematician:** a person skilled in mathematics
- **cavewoman:** a woman who lives in a cave
- **match:** to make or see a connection between (two people or things)
- **instead:** in place of or as an alternative to

two scratches meant two deer. The best hunter was the hunter with the most scratches on his bone.

Nowadays, we use numbers like one, two, or twenty-seven. These numbers were developed by ancient Indian mathematicians. Arab traders spread the use of numbers to European countries. That is why we call the numbers Arabic numbers.

(Word Count ▶ 186)

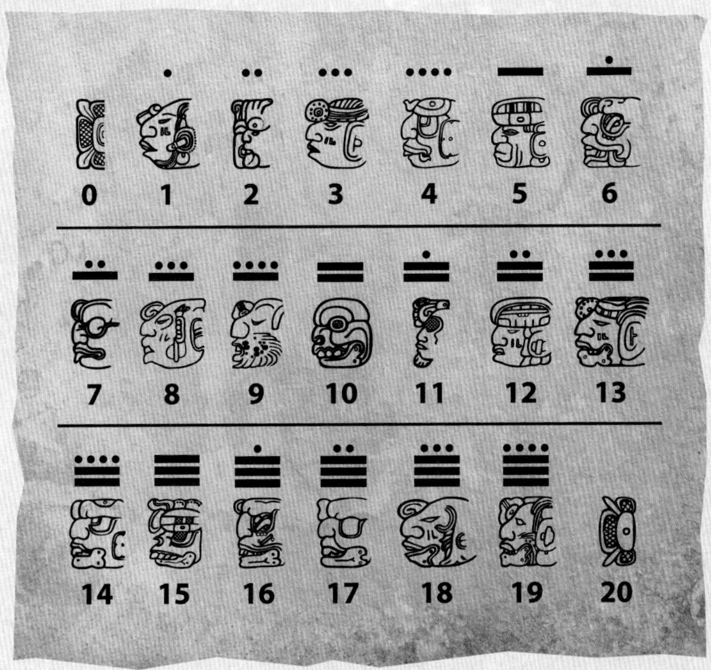

▲ Maya numbers

- **scratch:** a thin mark or cut on the surface of something
- **develop:** to gain through experience
- **trader:** a person who buys, sells, or exchanges goods

Grammar Quiz

Prepositions: ***for, on, by***

- **Find the prepositions in sentences ❶ and ❷.**

❶ ______________________

❷ ______________________

Comprehension Checkup

A Choose the best answer.

1. **What is the passage mainly about?**
   a. how to count deer
   b. the system of Arabic numbers
   c. famous Indian mathematicians
   d. the history of counting numbers

2. **How did the first counter count deer?**
   a. by using Arabic numbers
   b. by matching stones and deer
   c. by making scratches on bones
   d. by matching fingers and toes to deer

3. **Why did cave people start to use bones to count?**
   a. Because they had to use too many stones.
   b. Because bones were easier to get than stones.
   c. Because the cavewoman wanted to use stones.
   d. Because it was easier to match bones to Arabic numbers.

4. **Why were the numbers called Arabic numbers?**
   a. Arab traders spread the numbers to Europe.
   b. Cave people's culture moved to Arab countries.
   c. The record of the first number was found in a cave.
   d. The numbers were developed by ancient Indian mathematicians.

LEVEL UP! 5. **Purpose** **Why does the author mention the cavewoman's husband?**
   a. to explain the lifestyle of cave people
   b. to stress how wise the cavewoman was
   c. to give a reason why the first counter started to count
   d. to prove that the cavewoman was not a mathematician

LEVEL UP! **B** **Writing** **Write the correct words to complete the sentences.**

6. Cave people started to use count using their *fingers* __________
__________, and then they used __________ and __________.
Later, numbers were developed by ancient Indian mathematicians.

Vocabulary & Grammar

A Choose the correct words to fill in the blanks.

instead **scratches** **count** **mathematicians** **developed** **cavewoman**

1. Indian __________ developed the numbers that we use today.
2. The first counter used her fingers and her toes to __________ the deer.
3. Cave people made __________ on the bones.
4. Numbers like one, two, and twenty-seven were __________ by ancient people.
5. A __________ started to match one finger to each deer.
6. Cave people started to use bones to count __________ of using stones.

B Choose the correct words to complete the sentences.

ex. **She counted two fingers for two deer.**
Prepositions: for, on, by

1. One stone was (*on* / *for*) one deer, and two stones were (*by* / *for*) two deer.
2. They made scratches (*on* / *for*) the bones.
3. The best hunter was the hunter with the most scratches (*on* / *by*) his bone.
4. These numbers were developed (*on* / *by*) ancient Indian mathematicians.
5. The numbers were spread to Europe (*by* / *for*) Arab traders.

Organization & Summary

A **Main Idea & Details** Fill in the blanks to complete the organizer.

Main Idea: The History of Counting Numbers

Detail 1: Using Fingers and 1. ________	Detail 2: Using 3. ________	Detail 3: Using Bones	Detail 4: Using 5. ________
• 2. ________ one finger or one toe to each deer	• one stone = for one deer • needing too many stones	• making 4. ________ on the bones	• ancient Indian mathematicians → 6. ________ the numbers • Arab traders → spreading the numbers to Europe

stones numbers toes developing matching scratches

B Fill in the blanks to complete the summary.

husband cave people numbers Arabic bones traders

A long time ago, people had no ❶ ________. But they could count. A cavewoman needed to choose the best hunter as her ❷ ________. She used fingers and toes to count. ❸ ________ used one stone for each deer. But soon they had to use too many stones. So they started to make scratches on the ❹ ________. Nowadays, we use ❺ ________ numbers. The numbers were developed by ancient Indian mathematicians and were spread to Europe by Arabic ❻ ________.

Math

Unit

20

Sequence

A Smart Counter

✔ Check Your Background Knowledge

Circle the correct words.

1. Addition means putting numbers (*together* / *separately*).
2. Two plus three (*passes* / *equals*) five.
3. The '+' sign shows that you are (*adding* / *subtracting*).

Math

A Smart Counter

Mr. Simpson was getting ready to close his store for the night. "Count how many oranges are left on the fruit stand," said Mr. Simpson to his clerk, Mario.

"…seventy-one, seventy-two…. ❶Oh, I forgot how many I've counted!" grumbled Mario.

"How long have you been counting them?" asked Mr. Simpson.

"There are so many oranges to count," grumbled Mario.

"Have you been counting them one by one?" asked Mr. Simpson. Mr. Simpson gave Mario a pile of bags.

"Now, put ten oranges into each bag," said Mr. Simpson.

"Why should I do that?" Mario was confused.

He counted ten oranges again and put ten into each bag. Soon he finished.

"❷I've finished. There are thirty-six bags, and eight oranges are left," said Mario.

"Then there are 368 oranges in total," said Mr. Simpson.

Vocabulary

- **stand:** a small, light table
- **clerk:** a person who works in a store
- **forget:** to be unable to think of or remember (something)
- **grumble:** to complain quietly about something
- **pile:** a collection of objects laid on top of each other

"How can you pinpoint that?" asked Mario in surprise.

"When you need to count a large number of things, first put them into groups of ten. Then, count how many groups you have," said Mr. Simpson.

"Okay, there are thirty-six groups," said Mario.

"That means 360 oranges. And adding 8 equals 368 oranges."

"You are the smartest counter!" smiled Mr. Simpson.

(Word Count ▶ 194)

- **confused:** unable to understand or think clearly
- **total:** an entire quantity
- **pinpoint:** to find out (something) with certainty

Grammar Quiz

Present perfect (have+p.p.)

- **Find the present perfect verbs in sentences ❶ and ❷.**

❶ ______________________

❷ ______________________

Comprehension Checkup

A Choose the best answer.

1. **What is the passage mainly about?**
   a. how to sell fruits
   b. how to find a smart clerk
   c. how to count by grouping
   d. how to choose the best orange

2. **How did Mario count the oranges at first?**
   a. one by one　　b. two by two
   c. three by three　　d. four by four

3. **What did Mario do after counting each group of ten oranges?**
   a. He put them into a bag.
   b. He counted them one by one.
   c. He gave them to Mr. Simpson.
   d. He displayed them on the fruit stand.

4. **How many bags were there, and how many oranges were left?**
   a. There were thirty-six bags, and eight oranges were left.
   b. There were thirty-eight bags, and six oranges were left.
   c. There were three hundred bags, and no oranges were left.
   d. There were three hundred bags, and eight oranges were left.

LEVEL UP! 5. **Inference** **If there are fifty-four groups of ten and seven oranges are left, the total number of oranges is __________.**
   a. 61　　b. 71　　c. 547　　d. 557

LEVEL UP! B Writing Write the correct words to complete the sentences.

6. When you count a large number of things, first __*put*__ __________ __________ __________ __________ ten. Then, count how many groups you have. Multiply that by ten and add the number of things that are left.

Vocabulary & Grammar

A Choose the correct words to fill in the blanks.

grumbled	stand	forgot	pile	total	confused

1. Mr. Simpson gave Mario a __________ of bags.
2. I __________ how many I've counted!
3. Mario was __________ why he should do that.
4. Many oranges were left on the fruit __________.
5. Mario __________ because there were so many oranges to count.
6. There were 368 oranges in __________.

B Choose the correct words to complete the sentences.

ex. **I forgot how many I've counted!**
Present Perfect (have+p.p)

1. How long (*have you counting* / *have you been counting*) them?
2. (*Did you* / *Have you*) been counting them one by one?
3. Count how many groups you (*have made* / *had made*).
4. You are the smartest counter among the counters I (*have met* / *has met*).
5. I forgot how many I (*counted* / *have counted*)!

Organization & Summary

A **Sequence** Order the sentences.

How to Count by Making Groups	
1	Mr. Simpson made his clerk, Mario count how many oranges were left on the fruit stand.
	Mr. Simpson gave Mario a pile of bags told him to put ten oranges into each bag.
	Mario could count that there were 368 oranges in total.
	Mario made thirty-six groups, and eight oranges were left.
	Mario grumbled that he forgot how many he had counted because there were so many oranges to count.

B Fill in the blanks to complete the summary.

clerk **forgot** **put** **pinpointed** **left** **group**

Mr. Simpson asked his ❶__________ Mario to count how many oranges were left on the fruit stand. But there were so many oranges to count. Mario ❷__________ how many he had counted. Mr. Simpson asked him to ❸__________ ten oranges into each bag. There were 36 bags of oranges and eight oranges ❹__________. Mr. Simpson ❺__________ that there were 368 oranges. "When you count a large number of things, first put ten into one ❻__________. Then, count how many groups you have," said Mr. Simpson.

· Review Test ·

▶ Answer Key p.74

A. Check the correct words to complete the sentences.

1. Grandma Witch could make magic ___________.
   a. spells b. potions c. nephews d. forgiveness

2. After Big Anthony sang a spell, the pot was filled with ___________ pasta.
   a. wrong b. smart c. tempting d. powerful

3. Grandma Witch's pot ___________ with pasta.
   a. overflowed b. boiled c. repeated d. begged

4. Prometheus ___________ man very much and taught him about the arts.
   a. carried b. stole c. adored d. shivered

5. Zeus worried that man might become strong like him, so he took fire ___________ from man.
   a. on b. away c. up d. out

6. Prometheus carried the precious spark hidden in the ___________ center of a plant.
   a. strong b. confused c. furious d. hollow

7. The cavewoman needed ten fingers and ten toes to ___________ the deer.
   a. trade b. count c. mean d. use

8. The best hunter was the hunter with the most ___________ on his bone.
   a. numbers b. traders c. scratches d. clerks

9. Mr. Simpson gave Mario a ___________ of bags.
   a. stand b. pile c. bone d. chore

10. Adding 8 to 360 ___________ 368.
    a. orders b. sends c. puts d. equals

B. Correct the underlined parts.

1. Big Anthony heard Grandma Witch sang a spell over her pasta pot.
➡ ______________

2. Big Anthony failed to notice so Grandma Witch blew the pot three kisses.
➡ ______________

3. Big Anthony saw pasta flew throughout the entire house.
➡ ______________

4. His job was to creating animals. ➡ ______________

5. Zeus was worried see man using fire. ➡ ______________

6. One stone was on one deer. ➡ ______________

7. They made scratches for the bones. ➡ ______________

8. These numbers were developed on ancient Indian mathematicians.
➡ ______________

9. I forgot how many I have counting! ➡ ______________

10. How long have you been count them? ➡ ______________

UNIT 10 The Statue of Liberty

- ☐☐☐ **share** 동 공유하다
- ☐☐☐ **declare** 동 선언하다
- ☐☐☐ **liberty** 명 자유
- ☐☐☐ **ship** 동 (배로) 실어 나르다
- ☐☐☐ **celebrate** 동 축하하다, 기념하다
- ☐☐☐ **independence** 명 독립
- ☐☐☐ **statue** 명 동상, 조각상
- ☐☐☐ **the Roman goddess** 고대 로마의 여신
- ☐☐☐ **torch** 명 횃불
- ☐☐☐ **reason** 명 이성
- ☐☐☐ **carved** 형 조각된
- ☐☐☐ **symbol** 명 상징
- ☐☐☐ **immigrant** 명 이민자
- ☐☐☐ **greet** 동 환영하다
- ☐☐☐ **freedom** 명 자유

접는선

UNIT 11 Abraham Lincoln

- ☐☐☐ **president** 명 대통령
- ☐☐☐ **self-educated** 형 독학한
- ☐☐☐ **lawyer** 명 변호사
- ☐☐☐ **politician** 명 정치인
- ☐☐☐ **eventually** 부 결국
- ☐☐☐ **the North** 북부
- ☐☐☐ **the South** 남부
- ☐☐☐ **constitution** 명 헌법
- ☐☐☐ **guarantee** 동 보장하다
- ☐☐☐ **slavery** 명 노예제도
- ☐☐☐ **break out** 발발하다
- ☐☐☐ **conflict** 명 갈등
- ☐☐☐ **speech** 명 연설
- ☐☐☐ **abolish** 동 폐지하다
- ☐☐☐ **reunite** 동 재결합하다

UNIT 12 Helen Keller

□□□	**author**	명 작가
□□□	**raise**	동 (자금·사람 등을) 모으다
□□□	**blind**	형 눈이 먼(시각 장애의)
□□□	**deaf**	형 귀가 먹은(청각 장애의)
□□□	**hire**	동 고용하다
□□□	**tutor**	명 가정 교사
□□□	**named**	형 ~이름의
□□□	**pour**	동 붓다
□□□	**palm**	명 손바닥
□□□	**university**	명 대학교
□□□	**disability**	명 장애
□□□	**achieve**	동 성취하다
□□□	**come true**	이루어지다
□□□	**as long as**	~하는 한
□□□	**give up**	포기하다

절취선

UNIT 09 The Mighty River: The Nile

□□□	**mighty**	형 웅장한
□□□	**create**	동 창조하다
□□□	**fertile**	형 비옥한
□□□	**valley**	명 골짜기, 계곡
□□□	**civilization**	명 문명
□□□	**possible**	형 가능한
□□□	**worker**	명 일꾼, 노동자
□□□	**the Great Pyramid**	대피라미드
□□□	**the Sphinx**	스핑크스
□□□	**feed**	동 먹이다
□□□	**trade**	명 무역, 교역
□□□	**the Mediterranean Sea**	지중해
□□□	**empire**	명 제국
□□□	**ancient**	형 고대의
□□□	**that's why**	~때문이다

UNIT 08 What Is Light?

- ☐☐☐ **matter** 명 물질
- ☐☐☐ **energy** 명 에너지
- ☐☐☐ **reflect** 동 반사하다
- ☐☐☐ **particle** 명 입자
- ☐☐☐ **strike** 동 치다, 부딪치다
- ☐☐☐ **bounce** 동 튀다
- ☐☐☐ **reflection** 명 반사
- ☐☐☐ **create** 동 만들다
- ☐☐☐ **material** 명 물질, 재료
- ☐☐☐ **turn on** 켜다
- ☐☐☐ **give off** (빛·열 등을) 내다, 발하다
- ☐☐☐ **light bulb** 전구
- ☐☐☐ **artificial** 형 인공적인
- ☐☐☐ **in addition** 게다가, 덧붙여
- ☐☐☐ **reach** 동 닿다, 도달하다

접는선

UNIT 13 The First Thanksgiving

- ☐☐☐ **allow** 동 허락하다
- ☐☐☐ **practice** 동 (종교를) 실행하다
- ☐☐☐ **religion** 명 종교
- ☐☐☐ **homeland** 명 고향
- ☐☐☐ **tough** 형 힘든, 거친
- ☐☐☐ **bitter** 형 혹독한, 매서운
- ☐☐☐ **drag on** 길어지다
- ☐☐☐ **Native American** 북미 원주민
- ☐☐☐ **crop** 명 농작물
- ☐☐☐ **plant** 동 심다
- ☐☐☐ **harvest** 동 수확하다
- ☐☐☐ **feast** 명 잔치
- ☐☐☐ **survive** 동 살아남다
- ☐☐☐ **adopt** 동 채택하다
- ☐☐☐ **official** 형 공식적인

UNIT 14 The Wild West

	Word		Meaning
□ □ □	**religious**	형	종교의
□ □ □	**discover**	동	발견하다
□ □ □	**distance**	명	거리
□ □ □	**common**	형	공통의
□ □ □	**conflict**	명	갈등
□ □ □	**occur**	동	발생하다
□ □ □	**occupy**	동	차지하다
□ □ □	**claim**	동	주장하다
□ □ □	**be forced to**		강제로 ~하게 되다
□ □ □	**settler**	명	정착민
□ □ □	**peak**	명	절정
□ □ □	**seek**	동	추구하다
□ □ □	**hardship**	명	어려움, 고난
□ □ □	**adventure**	명	모험
□ □ □	**dramatic**	형	극적인

절취선

UNIT 07 Climate

	Word		Meaning
□ □ □	**general**	형	일반적인
□ □ □	**condition**	명	상태
□ □ □	**broad**	형	넓은, 일반적인
□ □ □	**region**	명	지역
□ □ □	**polar**	형	극지의
□ □ □	**freezing**	형	꽁꽁 언
□ □ □	**icy**	형	얼음에 뒤덮인
□ □ □	**the North Pole**		북극
□ □ □	**the South Pole**		남극
□ □ □	**contrary**	명	반대
□ □ □	**tropical**	형	열대의
□ □ □	**receive**	동	받다
□ □ □	**the Tropic of Cancer**		북회귀선
□ □ □	**the Tropic of Capricorn**		남회귀선
□ □ □	**various**	형	다양한

UNIT 06 The Solar System

- ☐☐☐ **the solar system** 태양계
- ☐☐☐ **planet** 명 행성
- ☐☐☐ **consist** 동 (~로) 되어 있다
- ☐☐☐ **dust** 명 먼지
- ☐☐☐ **object** 명 물체
- ☐☐☐ **orbit** 동 주위를 돌다
- ☐☐☐ **divide** 동 나누다
- ☐☐☐ **inner** 형 내부의
- ☐☐☐ **outer** 형 외부의
- ☐☐☐ **rocky** 형 암석으로 된
- ☐☐☐ **surface** 명 표면
- ☐☐☐ **oxygen** 명 산소
- ☐☐☐ **ring** 명 고리
- ☐☐☐ **revolve** 동 회전하다
- ☐☐☐ **except** 전 제외한

접는선

UNIT 15 Good Citizens

- ☐☐☐ **citizen** 명 시민
- ☐☐☐ **common** 형 공통의
- ☐☐☐ **obey** 동 따르다, 복종하다
- ☐☐☐ **tax** 명 세금
- ☐☐☐ **government** 명 정부
- ☐☐☐ **voting** 명 투표, 선거
- ☐☐☐ **responsibility** 명 의무, 책임
- ☐☐☐ **represent** 동 대표하다
- ☐☐☐ **trash** 명 쓰레기
- ☐☐☐ **traffic signal** 교통 신호
- ☐☐☐ **friendly** 형 친절한
- ☐☐☐ **treat** 동 대하다
- ☐☐☐ **respect** 명 존중, 존경
- ☐☐☐ **rude** 형 무례한
- ☐☐☐ **community** 명 지역 사회

UNIT 16 Chinese New Year

□ □ □	holiday	명	공휴일, 명절
□ □ □	unlike	전	~와는 달리
□ □ □	set	동	두다, 차리다
□ □ □	extra	형	여분의
□ □ □	missing	형	그리운
□ □ □	ancestor	명	조상
□ □ □	set off		터뜨리다
□ □ □	firecracker	명	폭죽
□ □ □	bang	명	쾅(하는 소리)
□ □ □	dress up		차려 입다, 갖춰 입다
□ □ □	costume	명	의상
□ □ □	envelope	명	봉투
□ □ □	luck	명	행운
□ □ □	lantern festival		연등 축제
□ □ □	hang	동	걸다, 매달다

절취선

UNIT 05 Insects

□ □ □	bug	명	벌레
□ □ □	abdomen	명	배(복부)
□ □ □	antennae	명	더듬이(복수형)
□ □ □	unique	형	독특한
□ □ □	lay	동	(알을) 낳다
□ □ □	larva	명	애벌레
□ □ □	hatch	동	부화하다
□ □ □	totally	부	완전히
□ □ □	chrysalis	명	고치, 번데기
□ □ □	disgusting	형	혐오스러운
□ □ □	roach	명	바퀴벌레
□ □ □	flea	명	벼룩
□ □ □	harmful	형	해로운
□ □ □	pollen	명	꽃가루
□ □ □	aphid	명	진드기

UNIT 04 Forests

□ □ □	**vast**	형	어마어마한
□ □ □	**boreal forest**		북방림
□ □ □	**temperate forest**		온대림
□ □ □	**tropical forest**		열대림
□ □ □	**equator**	명	적도
□ □ □	**the Northern Hemisphere**		북반구
□ □ □	**remain**	동	머무르다
□ □ □	**coniferous**	형	침엽수의
□ □ □	**needle**	명	바늘
□ □ □	**seed cone**		씨앗 솔방울
□ □ □	**deciduous**	형	낙엽성의
□ □ □	**species**	명	종
□ □ □	**humid**	형	습한
□ □ □	**exotic**	형	이국적인
□ □ □	**medicinal**	형	약용의, 약효가 있는

접는선

UNIT 17 The Magic Pot

□ □ □	**potion**	명	물약, 묘약
□ □ □	**chore**	명	허드렛일
□ □ □	**nephew**	명	조카
□ □ □	**spell**	명	주문, 주술
□ □ □	**boil**	동	끓이다
□ □ □	**be filled with**		~으로 가득 찬
□ □ □	**tempting**	형	구미가 당기는
□ □ □	**notice**	동	알아차리다
□ □ □	**grocery store**	명	식료품 가게
□ □ □	**dash**	동	서둘러 가다
□ □ □	**repeat**	동	반복하다
□ □ □	**seriously**	부	심각하게
□ □ □	**overflow**	동	넘치다
□ □ □	**beg**	동	애원하다, 간청하다
□ □ □	**forgive**	동	용서하다

UNIT 18 How Man Got Fire

□ □ □	**job**	명 일
□ □ □	**adore**	동 아끼며 예뻐하다
□ □ □	**worry**	동 걱정하다
□ □ □	**take A away from B**	A에게서 B를 빼앗다
□ □ □	**shiver**	동 (몸을) 떨다
□ □ □	**darkness**	명 어둠
□ □ □	**return**	동 돌려주다
□ □ □	**spark**	명 불꽃, 불똥
□ □ □	**bolt**	명 (번쩍하는) 번개의 광선
□ □ □	**hollow**	형 (속이) 빈
□ □ □	**furious**	형 격노한
□ □ □	**order**	동 명령하다
□ □ □	**chain**	동 (사슬로) 묶다
□ □ □	**suffer**	동 고통받다
□ □ □	**eternity**	명 영원

절취선

UNIT 03 Alligators and Crocodiles

□ □ □	**fearsome**	형 무시무시한
□ □ □	**reptile**	명 파충류
□ □ □	**bumpy**	형 울퉁불퉁한
□ □ □	**protect**	동 보호하다
□ □ □	**predator**	명 포식 동물
□ □ □	**look-alike**	형 꼭 빼닮은
□ □ □	**spend**	동 (시간을) 보내다
□ □ □	**cool off**	식히다
□ □ □	**muscle**	명 근육
□ □ □	**relatively**	부 상대적으로
□ □ □	**bare**	형 맨, 벌거벗은
□ □ □	**snout**	명 코(주둥이)
□ □ □	**mean**	형 비열한, 성질이 나쁜
□ □ □	**human being**	명 인간
□ □ □	**distinguish**	동 구별하다

UNIT 02 The Water Cycle

	Word	Meaning
□ □ □	**fresh water**	명 민물, 담수
□ □ □	**salt water**	명 바닷물, 소금물
□ □ □	**run out**	다 떨어지다, 다 써버리다
□ □ □	**fortunately**	부 다행히도
□ □ □	**constantly**	부 끊임없이
□ □ □	**renew**	동 재생하다
□ □ □	**cycle**	명 순환
□ □ □	**source**	명 원천
□ □ □	**heat up**	뜨겁게 만들다
□ □ □	**evaporate**	동 증발하다
□ □ □	**water vapor**	수증기
□ □ □	**condense**	동 응결시키다
□ □ □	**tiny**	형 매우 작은
□ □ □	**droplet**	명 작은 물방울
□ □ □	**collect**	동 모이다

접는선

UNIT 19 Fingers, Rocks, and Bones

	Word	Meaning
□ □ □	**count**	동 (숫자를) 세다
□ □ □	**mathematician**	명 수학자
□ □ □	**cavewoman**	명 동굴 여자
□ □ □	**hunter**	명 사냥꾼
□ □ □	**husband**	명 남편
□ □ □	**match**	동 연결시키다
□ □ □	**toe**	명 발가락
□ □ □	**stone**	명 돌멩이
□ □ □	**instead**	전 대신에
□ □ □	**bone**	명 뼈
□ □ □	**scratch**	명 긁힌 자국
□ □ □	**develop**	동 발달하다
□ □ □	**Arab**	명 아랍인
□ □ □	**trader**	명 상인
□ □ □	**Arabic numbers**	아라비아 숫자

UNIT 20 A Smart Counter

	Word		Meaning
□ □ □	**count**	동	(수를) 세다
□ □ □	**stand**	명	판매대
□ □ □	**clerk**	명	점원
□ □ □	**forget**	동	잊어버리다
□ □ □	**grumble**	동	투덜거리다
□ □ □	**one by one**		하나씩
□ □ □	**pile**	명	더미
□ □ □	**put**	명	놓다
□ □ □	**confused**	형	혼란스러운
□ □ □	**total**	명	합계
□ □ □	**pinpoint**	동	정확히 찾아내다
□ □ □	**group**	명	묶음
□ □ □	**add**	동	더하다
□ □ □	**equal**	동	(수·양이) 같다
□ □ □	**smart**	형	영리한

절취선

UNIT 01 What is a Desert?

	Word		Meaning
□ □ □	**a few**	형	서너 개, 조금
□ □ □	**difference**	명	차이
□ □ □	**temperature**	명	기온
□ □ □	**set**	동	(해가) 지다
□ □ □	**harsh**	형	가혹한
□ □ □	**nutrient**	명	영양소
□ □ □	**cactus**	명	선인장
□ □ □	**survive**	동	생존하다, 살아남다
□ □ □	**reach**	동	닿다
□ □ □	**deep**	형	깊은
□ □ □	**habitat**	명	서식지
□ □ □	**hunt**	동	사냥하다
□ □ □	**shady**	형	그늘진
□ □ □	**spot**	명	장소
□ □ □	**stay away from**		~에서 떨어져 있다

접는선

Word List 활용법

의미를 아는 단어에는 V 표시를 하세요.
표시되지 않은 단어들을 중심으로 학습한 후, 다시 한 번 V 표시를 하며 단어들을 숙지했는지 점검해 보세요.

* 본책과 분리하여 사용하세요. (점선을 따라 자른 후 반으로 접으면 책 형태의 단어장이 됩니다.)

영어 리딩의 최종 목적지, 논픽션 리딩에 강해지는

논픽션 독해력	미국 교과과정의 핵심 지식 습득과 독해력 향상
문제 해결력	지문 내용을 완전히 소화하도록 하는 수준별 독해 유형 연습
통합사고력	배경지식과 새로운 정보를 연결하여 내 것으로 만드는 연습
자기주도력	스스로 계획하고 성취도를 점검하는 자기주도 학습 습관 형성

미국교과서 리딩 READING 5.1

Word List

길벗스쿨

5.1

미국교과서 리딩

READING

Workbook & Answer Key

미국교과서 리딩 READING

LEVEL 5 ①

Workbook

길벗스쿨

UNIT 01

What Is a Desert?

Vocabulary

A **Match the words with their correct definitions.**

1. nutrient •	• **a.** to stay alive
2. a few •	• **b.** to extent to
3. temperature •	• **c.** a measure of how hot or cold it is
4. reach •	• **d.** a substance that helps plants and animals to grow
5. spot •	• **e.** a particular place, area, or part
6. survive •	• **f.** three or four or a small number of persons or things

Grammar Subject-verb agreement

B **Fill in the blanks using the words in the brackets.**

1. The climate in the desert ___________(be) very dry.

2. The heat from the sun ___________(make) the air hot during the day.

3. A cactus ___________(be) one of the plants that can survive in the desert.

4. These animals ___________(hunt) at night when temperatures ___________(be) cooler.

5. During the day, they ___________(have) to find shady spots to stay away from the hot sun.

UNIT 02

The Water Cycle

Vocabulary

A **Match the words with their correct definitions.**

1. condense
2. water vapor
3. run out
4. droplet
5. source
6. fortunately

a. to become used up
b. water in a gaseous form diffused in the atmosphere
c. a tiny drop of liquid
d. to remove the water from
e. the place something comes from or starts at
f. by good fortune

Grammar The verb *be*

B **Fill in the blanks using the words in the brackets.**

1. Only 3% of the world's water ___________(be) fresh water from rivers and lakes.
2. Water ___________(be) constantly renewed by the water cycle.
3. The main source of fresh water ___________(be) the oceans' salt water.
4. There ___________(be) tiny droplets in clouds.
5. The water from the clouds falls back to earth's surface. It ___________(be) called rain or snow.

UNIT 03

Alligators and Crocodiles

Vocabulary

A **Match the words with their correct definitions.**

1. protect	a. to pass time in a specified way or in a particular place
2. bare	b. when compared to others
3. reptile	c. completely unclothed
4. spend	d. an animal that naturally preys on others
5. relatively	e. to keep safe from harm or injury
6. predator	f. a cold-blooded animal in a class that includes snakes, lizards, crocodiles, and turtles

Grammar

Comparative adjectives (-er)

B **Fill in the blanks using the words in the brackets.**

1. Alligators are ____________(small) but ____________(fast) than crocodiles.

2. Their muscles are relatively ____________ ____________(weak than) those of crocodiles.

3. Crocodiles are ____________(big) but ____________(slow) than alligators.

4. Crocodiles are ____________(angry) and ____________(mean) than alligators.

5. Crocodiles' snouts are ____________ ____________(pointed) than alligators' snouts.

UNIT 04

Forests

Vocabulary

A **Match the words with their correct definitions.**

1. exotic	•	• a. the great circle of the earth at an equal distance from the North Pole and the South Pole
2. humid	•	• b. of or relating to or part of trees or shrubs bearing cones and evergreen leaves
3. equator	•	• c. originating in or characteristic of a distant foreign country
4. coniferous	•	• d. containing a great deal of water vapor
5. remain	•	• e. to stay the same
6. deciduous	•	• f. shedding foliage at the end of the growing season

Grammar Passive voice (be+p.p.)

B **Fill in the blanks using the words in the brackets.**

1. Boreal forests __________ __________ __________(can, find) below the tree line of the Northern Hemisphere.
2. The tree line __________(mark) the beginning of the Artic permafrost.
3. Many species of animals, including foxes, bears, and many birds, __________ __________ __________(can, find) in temperate forests.
4. Tropical forests __________ __________(find) near the equator.
5. Exotic flowers, insects, monkeys, and most medicinal plants __________ __________(find) in rainforests.

UNIT 05

Insects

Vocabulary

A Match the words with their correct definitions.

1. hatch	**a.** the part of the body below the chest that contains the stomach and other organs
2. abdomen	**b.** highly offensive
3. disgusting	**c.** to emerge from an egg
4. pollen	**d.** a very young form of an insect that looks like a worm
5. larva	**e.** the fine powder that is produced by a flowering plant
6. unique	**f.** radically distinctive and without an equal

Grammar Adjectives

B Unscramble the sentences.

1. interesting / are / Insects / animals

→ ______________________________.

2. back end / is / The abdomen / the large

→ ______________________________.

3. Insects / life cycle / a unique / have

→ ______________________________.

4. insects / Some people say / are / disgusting

→ ______________________________.

5. to humans / are / Fleas / very harmful

→ ______________________________.

UNIT 06

The Solar System

Vocabulary

A Match the words with their correct definitions.

1. surface •	• a. to go around something in a circle
2. orbit •	• b. the outside part or layer of something
3. dust •	• c. to turn on or around axis or a center
4. revolve •	• d. a fine powdery material
5. inner •	• e. being on the outside or further from a center
6. outer •	• f. being near a center

Grammar Relative pronoun *that*

B Unscramble the sentences.

1. the sun and all the planets / The solar system is / that go around it

→ ____.

2. that has water and oxygen / Earth is / the only planet

→ ____.

3. the four planets / that are farther from the sun / The outer planets are

→ ____.

4. rings around them / Some of the outer planets have / that are made of pieces of rock and ice

→ ____.

5. Moons are / that revolve around planets / the objects

→ ____.

UNIT 07

Climate

Vocabulary

A Match the words with their correct definitions.

1. polar	a. a state at a particular time
2. freezing	b. of or relating to the North or South Pole
3. condition	c. exact opposition
4. various	d. extremely cold
5. contrary	e. many different kinds
6. receive	f. to get something

Grammar Prepositions

B Unscramble the sentences.

1. the general weather conditions / Climate is / over a long period of time

   → ______________________________.

2. in polar climates / is freezing all year / The weather

   → ______________________________.

3. Polar climates / near the North Pole and the South Pole / are found

   → ______________________________.

4. There are regions / all year round / with hot and dry weather

   → ______________________________.

5. lie / These regions / between the Tropic of Cancer and the Tropic of Capricorn

   → ______________________________.

UNIT 08

What Is Light?

Vocabulary

A **Match the words with their correct definitions.**

1. particle
2. matter
3. strike
4. bounce
5. energy
6. reflection

a. that which has mass and occupies space
b. a very small piece of something
c. power that is used to provide heat and operate machines
d. to hit and come into sudden contact with
e. to spring back
f. the return of light or sound waves from a surface

Grammar

Conjunctions: *when, as soon as*

B **Unscramble the sentences.**

1. when / We only see objects / light from a source strikes them and bounces off toward our eyes

   → ______________________________.

2. a hot burner is turned on, / some energy can be given off as light / When

   → ______________________________.

3. as soon as / you turn on a light bulb / A room gets bright

   → ______________________________.

4. we can see the reflection of light from the sun / As soon as / the sun rise,

   → ______________________________.

5. Rainbows are formed / light passes through small water droplets / when

   → ______________________________.

UNIT 09

The Mighty River: The Nile

Vocabulary

A Match the words with their correct definitions.

1. mighty	a. very old
2. fertile	b. a society in an advanced state of social development
3. civilization	c. capable of reproducing
4. ancient	d. having or showing great strength, force, or intensity
5. trade	e. to make or cause to be or to become
6. create	f. commercial exchange

Grammar Superlative adjectives (the+-est)

B Fill in the blanks using the words in the brackets.

1. This fertile land made one of __________ __________(old) civilizations in the world possible.
2. __________ __________(big) pyramid is called the Great Pyramid.
3. The Great Pyramid is __________ __________ __________(famous) of the pyramids.
4. The Nile was __________ __________(quick) and __________(easy) way to travel from inland areas to the sea.
5. Ancient Egypt became __________ __________ __________(powerful) empire in the ancient world.

UNIT 10

The Statue of Liberty

Vocabulary

A **Match the words with their correct definitions.**

1. symbol •
2. independence •
3. statue •
4. celebrate •
5. liberty •
6. declare •

- • a. a sculpture representing a human or animal
- • b. freedom from outside control or support
- • c. something that stands for an idea
- • d. political independence
- • e. to say or state in an official or public way
- • f. to do something special or enjoyable for an important event

Grammar To-infinitives (to+V)

B **Choose the appropriate places for *to* as to-infinitives.**

1. America ① wanted ② be free from the king of England ③.
2. France and America ① fought for ② freedom ③ declare their independence.
3. France ① wanted ② remember its friendship ③ with the United States.
4. It was a gift ① celebrate ② their declaration of independence from ③ the king of England.
5. Many people ① visit ② New York Harbor ③ see the Statue of Liberty.

UNIT 11

Abraham Lincoln

Vocabulary

A **Match the words with their correct definitions.**

1. abolish	a. to unify again as in a country
2. self-educated	b. to officially end or stop
3. guarantee	c. educated by your own efforts rather than by formal instruction
4. slavery	d. the practice of owning slaves
5. reunite	e. law determining the fundamental political principles of a government
6. constitution	f. to provide a formal assurance, especially that certain conditions will be fulfilled

Grammar The verb *give*

B **Unscramble the sentences.**

1. many speeches / *to* the public / Lincoln gave

→ ______________________________.

2. many speeches / Lincoln gave / the public

→ ______________________________.

3. It gave / *to* the slaves as well / freedom

→ ______________________________.

4. It gave / freedom as well / the slaves

→ ______________________________.

5. The Constitution gave / freedom / *to* the people

→ ______________________________.

UNIT 12

Helen Keller

Vocabulary

A **Match the words with their correct definitions.**

1. author	a. unable to see
2. tutor	b. a private teacher
3. blind	c. a writer of a book, article, or document
4. university	d. unable to hear
5. give up	e. a high-level educational institution where students study for degrees
6. deaf	f. to stop trying

Grammar — Relative pronoun *who*

B **Unscramble the sentences.**

1. who / There was a young child / could not see or hear

→ ______________________________.

2. She gave speeches and raised money for people / needed help / who

→ ______________________________.

3. Helen became the blind / when she was 18 months old / who could not see

→ ______________________________.

4. had special teaching skills / Helen was introduced to a tutor / who

→ ______________________________.

5. who / wrote "The Frost King" / It's Helen Keller

→ ______________________________.

UNIT 13

The First Thanksgiving

Vocabulary

A **Match the words with their correct definitions.**

1. drag on
2. practice
3. adopt
4. allow
5. homeland
6. feast

a. to follow religious beliefs
b. to proceed for an extended period of time
c. to choose and follow
d. the country where a person was born
e. to consent to; to give permissions
f. a meal that is well-prepared and greatly enjoyed

Grammar

The verb with two objects: *call, teach, show*

B **Unscramble the sentences.**

1. the new land / New England / They called

→ ______________________________.

2. how to plant crops and vegetables / They taught / the Pilgrims

→ ______________________________.

3. They also showed / the Pilgrims / how to fish and hunt

→ ______________________________.

4. Abraham Lincoln called / the first *Thanksgiving* / this feast

→ ______________________________.

5. their ship / The Pilgrims called / the *Mayflower*

→ ______________________________.

UNIT 14

The Wild West

Vocabulary

A **Match the words with their correct definitions.**

1. discover • • a. the period of greatest prosperity or productivity

2. dramatic • • b. greatly affecting people's emotions

3. peak • • c. to say that (something) belongs to you or that you deserve (something)

4. distance • • d. to try to get or reach

5. seek • • e. how far the space between two objects or points is

6. claim • • f. to find someone or something

Grammar Prepositions: *in, as*

B **Unscramble the sentences.**

1. as theirs / claimed the land / The people moving onto these lands

→ ______________________________.

2. many conflicts occurred, / In this period, / too

→ ______________________________.

3. This movement reached / in the 1840s / its peak

→ ______________________________.

4. Gold was discovered / at a mine / in California

→ ______________________________.

5. This migration / as the California Gold Rush / became known

→ ______________________________.

UNIT 15

Good Citizens

Vocabulary

A Match the words with their correct definitions.

1. community	a. a duty or task that you are required or expected to do
2. responsibility	b. followed by many people
3. government	c. a particular system used for controlling a country
4. common	d. a group of people who live in the same area
5. treat	e. to act or speak officially for (someone or something)
6. represent	f. to interact in a certain way

Grammar Auxiliary verbs that indicate duty

B Fill in the blanks using the words in the brackets.

1. Citizens ____________ ____________ ____________(have to, obey) the law and pay taxes.
2. Citizens ____________ ____________ ____________(have to, choose) the people who will best represent them by voting.
3. You ____________ ____________(should, put) trash in trash cans.
4. You ____________ ____________(should, be) friendly and nice to others.
5. You ____________ ____________ ____________(should, never, say) rude things to people.

UNIT 16

Chinese New Year

Vocabulary

A **Match the words with their correct definitions.**

1. ancestor •	• a. more than is needed
2. extra •	• b. the clothes worn in a play or at a fancy dress ball
3. set off •	• c. a flat container for a letter or thin package
4. envelope •	• d. time away from work devoted to rest or pleasure
5. holiday •	• e. to cause to explode
6. costume •	• f. someone from whom a person is descended

Grammar
Conjunctions: *and, or*

B **Unscramble the sentences.**

1. January or / It is in / February

→ ______________________________.

2. windows / People open / their doors and

→ ______________________________.

3. lets the old year out and / This / welcomes the New Year

→ ______________________________.

4. dance in the streets / dress up in long dragon costumes and / People

→ ______________________________.

5. make lanterns and / hang them on their front doors at night / People

→ ______________________________.

UNIT 17

The Magic Pot

Vocabulary

A Match the words with their correct definitions.

1. repeat
2. overflow
3. boil
4. forgive
5. tempting
6. potion

a. to cook (something) in water that is boiling
b. to say again or to imitate
c. to stop blaming or grant forgiveness
d. to flow or to run over
e. a medicinal, magical, or poisonous beverage
f. highly attractive

Grammar Verbs of perception

B Unscramble the sentences.

1. Grandma Witch / Big Anthony heard / singing a spell over her pasta pot

→ ______________________________.

2. Big Anthony saw / boiling a pot of pasta / Grandma Witch

→ ______________________________.

3. that Grandma Witch blew the pot three kisses / Big Anthony / didn't notice

→ ______________________________.

4. felt / Big Anthony / that something was seriously wrong

→ ______________________________.

5. Big Anthony saw / pasta / flowing throughout the entire house

→ ______________________________.

UNIT 18

How Man Got Fire

Vocabulary

A **Match the words with their correct definitions.**

1. eternity	a. extremely angry
2. suffer	b. to experience pain, illness, or injury
3. furious	c. time without end
4. bolt	d. to tremble with cold, fear, excitement, etc.
5. spark	e. one stroke of lightening
6. shiver	f. a momentary flash of light

Grammar To-infinitives

B **Fill in the blanks using the words in the brackets.**

1. His job was ___________ ___________(create) animals.

2. Zeus was worried ___________ ___________(see) man using fire.

3. Prometheus asked Zeus ___________ ___________(return) fire to man.

4. Zeus was furious ___________ ___________(notice) Prometheus stealing fire from him.

5. He ordered Prometheus ___________ ___________ ___________(be, chain) to the side of a mountain.

UNIT 19

Fingers, Stones, and Bones

Vocabulary

A Match the words with their correct definitions.

1. develop
2. instead
3. match
4. scratch
5. mathematician
6. count

a. in place of or as an alternative to
b. to gain through experience
c. a thin mark or cut on the surface of something
d. to make or see a connection between (two people or things)
e. a person skilled in mathematics
f. to determine the number or amount of

Grammar Prepositions: *for, on, by*

B Unscramble the sentences.

1. She counted / for two deer / two fingers

→ ______________________________.

2. for two deer / were / Two stones

→ ______________________________.

3. on his bone / The best hunter was / the hunter with the most scratches

→ ______________________________.

4. These numbers / by ancient Indian mathematicians / were developed

→ ______________________________.

5. to Europe / The numbers were spread / by Arab traders

→ ______________________________.

UNIT 20

A Smart Counter

Vocabulary

A **Match the words with their correct definitions.**

1. forget	a. a person who works in a store
2. total	b. to be unable to think of or remember (something)
3. clerk	c. a small, light table
4. stand	d. an entire quantity
5. pinpoint	e. to complain quietly about something
6. grumble	f. to find out (something) with certainly

Grammar

Present perfect (have+p.p.)

B **Fill in the blanks using the words in the brackets.**

1. I forgot to how many I ___________ ___________(have, count).
2. She forgot to how many she ___________ ___________(have, count).
3. How long ___________ ___________ ___________ ___________(have, you, be, count) them?
4. ___________ ___________ ___________ (have, you, be) counting them one by one?
5. You are the smartest counter among the counters I ___________ ___________ (have, meet).

Unit 1 What Is a Desert?

Vocabulary

A 각 단어의 알맞은 의미를 찾아 연결하세요.

1. 영양소: 식물들과 동물들이 자라도록 돕는 물질 [d]
2. 서너 개, 조금: 셋이나 넷 정도 또는 적은 수의 사람이나 물건 [f]
3. 기온: 얼마나 추운지 더운지 나타내는 척도 [c]
4. 닿다: ~까지 뻗어 닿다 [b]
5. 지점: 특정 장소, 지역, 부분 [e]
6. 생존하다, 살아남다: 살아 있다 [a]

Grammar: 주어-동사 일치

B 괄호 안의 단어를 사용하여 빈칸을 채우세요.

1. 사막의 기후는 아주 건조합니다. [is]
2. 낮 동안에는 태양열이 공기를 뜨겁게 달굽니다. [makes]
3. 선인장은 사막에서 살아남을 수 있는 식물 중 하나입니다. [is]
4. 이 동물들은 기온이 더 서늘한 밤에 사냥합니다. [hunt, are]
5. 낮 동안에 이 동물들은 뜨거운 태양으로부터 떨어져 있기 위해 그늘진 장소를 찾아야 합니다. [have]

Unit 2 The Water Cycle

Vocabulary

A 각 단어의 알맞은 의미를 찾아 연결하세요.

1. 응결시키다: 물기를 제거하다 [d]
2. 수증기: 공기 중에 가스의 형태로 퍼져있는 물 [b]
3. 다 떨어지다: 다 써버리다 [a]
4. 작은 방울: 액체의 작은 방울 [c]
5. 원천: 무언가가 나오거나 시작하는 지점 [e]
6. 다행히도: 좋은 운 덕분에 [f]

Grammar: be동사

B 괄호 안의 단어를 사용하여 빈칸을 채우세요.

1. 세계에 있는 물의 3퍼센트만이 강과 호수로부터 나오는 담수입니다. [is]
2. 물은 물의 순환으로 끊임없이 재생됩니다. [is]
3. 담수의 주요 원천은 바다의 소금물입니다. [is]
4. 구름에는 작은 물방울들이 있습니다. [are]
5. 구름에 있는 수분이 지구 표면으로 떨어집니다. 그것을 비 또는 눈이라고 부릅니다. [is]

Unit 3 Alligators and Crocodiles

Vocabulary

A 각 단어의 알맞은 의미를 찾아 연결하세요.

1. 보호하다: 피해나 부상으로부터 안전하게 하다 [e]
2. 맨, 벌거벗은: 옷을 전혀 입지 않은 [c]
3. 파충류: 뱀, 도마뱀, 악어, 거북과 같은 강(綱)에 속하는 냉혈 동물 [f]
4. 보내다: 특정한 일을 하거나 특정한 장소에서 시간을 보내다 [a]
5. 상대적으로: 다른 것과 비교했을 때 [b]
6. 포식 동물: 자연적으로 다른 동물들을 잡아먹으며 사는 동물 [d]

Grammar: 비교급 형용사 (-er)

B 괄호 안의 단어를 사용하여 빈칸을 채우세요.

1. 앨리게이터는 크로커다일보다 더 작지만, 더 빠릅니다. [smaller, faster]
2. 앨리게이터의 근육은 크로커다일의 근육보다 상대적으로 더 약합니다. [weaker than]
3. 크로커다일은 앨리게이터보다 더 크지만 더 느립니다. [bigger, slower]
4. 크로커다일은 앨리게이터보다 더 포악하고 더 사납습니다. [angrier, meaner]
5. 크로커다일의 코는 앨리게이터의 코보다 더 뾰족합니다. [more pointed]

Unit 4 Forests

Vocabulary

A 각 단어의 알맞은 의미를 찾아 연결하세요.

1. 이국적인: 먼 외국에서 유래되거나 그 특징인 [c]
2. 습한: 수증기를 많이 포함한 [d]
3. 적도: 북극과 남극으로부터 같은 거리에 있는 지구의 큰 원 [a]
4. 침엽수의: 솔방울이나 상록수잎을 지닌 나무나 관목과 관련된

[b]

5. 머무르다: 같은 상태로 있다 [e]

6. 낙엽성의: 성장 시기가 지난 후 낙엽을 떨구는 [f]

Grammar: 수동태 (be+p.p.)

Ⓑ 괄호 안의 단어를 사용하여 빈칸을 채우세요.

1. 북방림은 북반구 수목 한계선 아래에서 찾아볼 수 있습니다. [can be found]
2. 수목 한계선은 북극의 영구 동토층의 시작점을 나타냅니다. [marks]
3. 온대림에서는 여우, 곰, 많은 새들을 포함한 수많은 종의 동물들이 발견될 수 있습니다. [can be found]
4. 열대림은 적도 근처에서 발견됩니다. [are found]
5. 이국적인 화초, 곤충, 원숭이, 대부분의 약용 식물들이 열대림에서 발견됩니다. [are found]

Unit 5 Insects

Vocabulary

Ⓐ 각 단어의 알맞은 의미를 찾아 연결하세요.

1. 부화하다: 알에서 나오다 [c]
2. 배(복부): 가슴 밑의 부분으로 위와 다른 장기들이 있는 곳 [a]
3. 징그러운: 매우 역겨운 [b]
4. 꽃가루: 꽃이 피는 식물에서 생성되는 미세한 가루 [e]
5. 애벌레: 곤충의 가장 어린 형태인 애벌레처럼 생긴 것 [d]
6. 특별한: 매우 독특하며 필적하는 것이 없는 [f]

Grammar: 형용사

Ⓑ 재배열하여 문장을 완성하세요.

1. 곤충은 흥미로운 동물입니다. [Insects are interesting animals]
2. 배는 제일 끝에 있는 큰 등입니다. [The abdomen is the large back end]
3. 곤충은 독특한 생애 주기를 가지고 있습니다. [Insects have a unique life cycle]
4. 어떤 사람들은 곤충들이 혐오스럽다고 말합니다. [Some people say insects are disgusting]
5. 벼룩은 인간에게 매우 해롭습니다. [Fleas are very harmful to humans]

Unit 6 The Solar System

Vocabulary

Ⓐ 각 단어의 알맞은 의미를 찾아 연결하세요.

1. 표면: 어떤 것의 바깥 부분이나 층 [b]
2. 주위를 돌다: 무엇인가의 주위를 원을 그리며 돌다 [a]
3. 먼지: 미세한 가루 물질 [d]
4. 회전하다: 축이나 가운데를 중심으로 혹은 그 주변을 돌다 [c]
5. 내부의: 중심에 가까운 [f]
6. 외부의: 밖에 있거나 중심에서 먼 [e]

Grammar: 관계대명사 that

Ⓑ 재배열하여 문장을 완성하세요.

1. 태양계는 태양과 그 주위를 도는 모든 행성들입니다. [The solar system is the sun and all the planets that go around it]
2. 지구는 물과 산소가 있는 유일한 행성입니다. [Earth is the only planet that has water and oxygen]
3. 외행성은 태양에서 먼 네 개의 행성들입니다. [The outer planets are the four planets that are farther from the sun]
4. 몇몇 외행성들은 바위와 얼음조각으로 이루어진 고리가 주변에 있습니다. [Some of the outer planets have rings around them that are made of pieces of rock and ice]
5. 위성들은 행성 주위를 도는 물체들입니다. [Moons are the objects that revolve around planets]

Unit 7 Climate

Vocabulary

Ⓐ 각 단어의 알맞은 의미를 찾아 연결하세요.

1. 극지의: 북극이나 남극의 혹은 그와 관련된 [b]
2. 꽁꽁 얼게: 매우 추운 [d]
3. 상태: 특정 시간의 상황 [a]

4. 각양각색의: 많은 다른 종류의 [e]
5. 반대: 완전한 반대 [c]
6. 받다: 무엇인가를 얻다 [f]

Grammar: 전치사

Ⓑ 재배열하여 문장을 완성하세요.

1. 기후란 오랜 기간에 걸쳐 나타나는 날씨의 일반적인 상태를 말합니다. [Climate is the general weather conditions over a long period of time]
2. 한대기후 날씨는 일년 내내 매우 춥습니다. [The weather in polar climates is freezing all year]
3. 한대기후는 북극과 남극 인근에서 발견됩니다. [Polar climates are found near the North Pole and the South Pole]
4. 일년 내내 뜨겁고 건조한 날씨를 가진 지역이 있습니다. [There are regions with hot and dry weather all year round]
5. 이 지역은 북회귀선과 남회귀선 사이에 걸쳐 있습니다. [These regions lie between the Tropic of Cancer and the Tropic of Capricorn]

Unit 8 What is Light?

Vocabulary

Ⓐ 각 단어의 알맞은 의미를 찾아 연결하세요.

1. 입자: 어떤 것의 아주 작은 조각 [b]
2. 물질: 덩어리이며 공간을 차지하는 것 [a]
3. 치다, 부딪히다: 치다 또는 갑자기 접촉하다 [d]
4. 튀다: 튀어 오르다 [e]
5. 에너지: 열을 내거나 기계를 작동시키기 위해 사용되는 힘 [c]
6. 반사: 표면으로부터 빛이나 음파가 되돌아오는 것 [f]

Grammar: 접속사: when, as soon as

Ⓑ 재배열하여 문장을 완성하세요.

1. 우리는 어떤 원천에서 나오는 빛이 물체에 부딪혀 우리 눈을 향해 튕겨나갈 때만 물체를 보게 됩니다. [We only see objects when light from a source strikes them and bounces off toward our eyes]
2. 뜨거운 가열 기구가 켜지면, 에너지는 빛의 형태로 발산될 수 있습니다. [When a hot burner is turned on, some energy can be given off as light]
3. 여러분이 전구를 켜자마자 방은 밝아집니다. [A room gets bright as soon as you turn on a light bulb]
4. 태양이 뜨자마자, 우리는 태양으로부터 나온 빛의 반사를 봅니다. [As soon as the sun rise, we can see the reflection of light from the sun]
5. 무지개는 빛이 작은 물방울을 통과할 때 형성됩니다. [Rainbows are formed when light passes through small water droplets]

Unit 9 The Mighty River: The Nile

Vocabulary

Ⓐ 각 단어의 알맞은 의미를 찾아 연결하세요.

1. 웅장한: 대단한 힘, 기운, 강렬함을 가지고 있거나 보여주는 [d]
2. 비옥한: 재생산이 가능한 [c]
3. 문명: 사회 발달의 선진적 단계인 사회 [b]
4. 고대의: 매우 오래된 [a]
5. 무역, 교역: 상업적 교류 [f]
6. 창조하다: (무언가를) 만들거나 유발하거나 되다 [e]

Grammar: 최상급 형용사 (the+-est)

Ⓑ 괄호 안의 단어를 사용하여 빈칸을 채우세요.

1. 이 비옥한 땅은 세계에서 가장 오래된 문명이 발생하는 것을 가능하게 했습니다. [the oldest]
2. 가장 큰 피라미드는 대피라미드라고 불립니다. [The biggest]
3. 대피라미드는 피라미드들 중에 가장 유명합니다. [the most famous]
4. 나일 강은 내륙 지역에서 바다로 여행할 수 있는 가장 빠르고 가장 쉬운 방법이었습니다. [the quickest, easiest]
5. 고대 이집트는 고대 세계에서 가장 강력한 제국이 되었습니다. [the most powerful]

Unit 10 The Statue of Liberty

Vocabulary

Ⓐ 각 단어의 알맞은 의미를 찾아 연결하세요.

1. 상징: 사상을 나타내는 것 [c]
2. 독립: 외부의 통제나 지원으로부터의 자유 [b]
3. 동상: 사람이나 동물을 나타내는 조각 [a]
4. 기념하다: 중요한 행사를 위해서 어떤 특별하거나 즐거운 것을 하다 [f]
5. 자유: 정치적인 독립 [d]
6. 선언하다: 공식적으로나 공개적으로 말하거나 발표하다 [e]

Grammar: to부정사 (to+동사원형)

Ⓑ to부정사인 to가 들어갈 알맞은 위치를 고르세요.

1. 미국은 영국 왕으로부터 자유로워지는 것을 원했습니다. [②]
2. 프랑스와 미국은 독립을 선언하기 위해서 자유를 위해 싸웠습니다. [③]
3. 프랑스는 미국과의 우정을 기억하고 싶었습니다. [②]
4. 그것은 영국 왕으로부터의 독립 선언을 축하하기 위한 선물이었습니다. [①]
5. 많은 사람들이 자유의 여신상을 보기 위해 뉴욕 항구를 방문합니다. [③]

Unit 11 Abraham Lincoln

Vocabulary

Ⓐ 각 단어의 알맞은 의미를 찾아 연결하세요.

1. 폐지하다: 공식적으로 끝내거나 멈추다 [b]
2. 독학한: 정규 교육 대신에 스스로의 노력으로 교육받은 [c]
3. 보장하다: 특히 어떤 조건이 충족될 것이라고 공식적인 보증을 제공하다 [f]
4. 노예제도: 노예를 소유하는 행위 [d]
5. 재결합하다: 하나의 국가로 다시 결합하다 [a]
6. 헌법: 정부의 근본적인 정치적 원칙을 결정하는 법 [e]

Grammar: 동사 give

Ⓑ 재배열하여 문장을 완성하세요.

1. 링컨은 대중들에게 많은 연설을 했습니다.
   [Lincoln gave many speeches to the public]
2. 링컨은 대중들에게 많은 연설을 했습니다.
   [Lincoln gave the public many speeches]
3. 이것은 노예들에게도 자유를 주었습니다.
   [It gave freedom to the slaves as well]
4. 이것은 노예들에게도 자유를 주었습니다.
   [It gave the slaves freedom as well]
5. 헌법은 사람들에게 자유를 주었습니다.
   [The Constitution gave freedom to the people]

Unit 12 Helen Keller

Vocabulary

Ⓐ 각 단어의 알맞은 의미를 찾아 연결하세요.

1. 작가: 책, 기사, 문서를 쓰는 사람 [c]
2. 가정 교사: 개인 교사 [b]
3. 눈이 먼(시각 장애의): 볼 수 없는 [a]
4. 대학: 학생들이 학위를 따기 위해 공부하는 고등 교육 기관 [e]
5. 포기하다: 시도를 멈추다 [f]
6. 귀가 먹은(청각 장애의): 들을 수 없는 [d]

Grammar: 관계대명사 who

Ⓑ 재배열하여 문장을 완성하세요.

1. 보거나 들을 수 없는 아이가 있었습니다. [There was a young child who could not see or hear]
2. 그녀는 많은 연설을 했으며 도움이 필요한 사람들을 위해 기금을 모았습니다. [She gave speeches and raised money for people who needed help]
3. 헬렌은 생후 18개월이 되었을 때 앞을 볼 수 없는 시각장애인이 되었습니다. [Helen became the blind who could not see when she was 18 months old]
4. 헬렌은 특별한 교수법을 가진 가정 교사에게 소개되었습니다.
   [Helen was introduced to a tutor who had special teaching skills]
5. 'The Frost King(서리왕)'을 쓴 사람은 헬렌 켈러입니다.
   [It's Helen Keller who wrote "The Frost King"]

Unit 13 The First Thanksgiving

Vocabulary

Ⓐ 각 단어의 알맞은 의미를 찾아 연결하세요.

1. 길어지다: 연장된 시간 동안 계속 진행하다 [b]
2. (종교를) 실행하다: 종교적인 믿음을 따르다 [a]
3. 받아들이다: 선택하고 따르다 [c]
4. 허락하다: 동의하다, 허가하다 [e]
5. 고국: 한 사람이 태어난 나라 [d]
6. 잔치: 잘 차려지고 매우 즐겁게 먹을 수 있는 음식 [f]

Grammar: 목적어 두 개를 갖는 동사: call, teach, show

Ⓑ 재배열하여 문장을 완성하세요.

1. 그들은 새로운 땅을 뉴잉글랜드라고 불렀습니다. [They called the new land New England]
2. 그들은 청교도들에게 어떻게 농작물과 채소를 심는지 알려주었습니다. [They taught the Pilgrims how to plant crops and vegetables]
3. 그들은 청교도들에게 어떻게 낚시를 하고 사냥을 하는지 보여주었습니다. [They also showed the Pilgrims how to fish and hunt]
4. 에이브러햄 링컨은 이 축제를 첫 '추수감사절'이라고 불렀습니다. [Abraham Lincoln called this feast the first *Thanksgiving*]
5. 청교도들은 그들의 배를 '메이플라워'라고 불렀습니다. [The Pilgrims called their ship the *Mayflower*]

Unit 14 The Wild West

Vocabulary

Ⓐ 각 단어의 알맞은 의미를 찾아 연결하세요.

1. 발견하다: 어떤 사람이나 무언가를 찾다 [f]
2. 극적인: 사람들의 감정에 영향을 많이 주는 [b]
3. 절정: 번영과 생산성이 최고조에 다른 시점 [a]
4. 거리: 두 물건이나 두 위치 사이의 공간이 얼마나 먼가 [e]
5. 추구하다: 갖거나 도달하려고 노력하다 [d]
6. 주장하다: (어떤 것이) 자신의 것이라고 하거나 자신이 받을 만하다고 말하다 [c]

Grammar: 전치사: in, as

Ⓑ 재배열하여 문장을 완성하세요.

1. 이 땅으로 이주해 간 사람들은 그 땅을 자신들의 것이라 주장했습니다. [The people moving onto these lands claimed the land as theirs]
2. 이 시기에 많은 갈등도 있었습니다. [In this period, many conflicts occurred, too]
3. 이러한 이주는 1840년대에 정점에 이르렀습니다. [This movement reached its peak in the 1840s]
4. 캘리포니아의 광산에서 금이 발견되었습니다. [Gold was discovered at a mine in California]
5. 이러한 이주는 캘리포니아 골드러시로 알려졌습니다. [This migration became known as the California Gold Rush]

Unit 15 Good Citizens

Vocabulary

Ⓐ 각 단어의 알맞은 의미를 찾아 연결하세요.

1. 지역 사회: 같은 지역에 사는 사람들의 집단 [d]
2. 의무, 책임: 당신이 꼭 해야 하거나 해야 할 것으로 기대되는 의무나 일 [a]
3. 정부: 나라를 통제하는 데 사용되는 특정한 시스템 [c]
4. 공통의: 많은 사람들이 따르는 [b]
5. 대하다: 특정한 방법으로 교류하다 [f]
6. 대표하다: (어떤 사람이나 무언가를 위해) 공식적으로 행동하거나 발표하다 [e]

Grammar: 의무를 나타내는 조동사

Ⓑ 괄호 안의 단어를 사용하여 빈칸을 채우세요.

1. 시민은 법을 준수하고 세금을 내야 합니다. [have to obey]
2. 시민은 투표를 통해 그들을 가장 잘 대표할 사람을 선택해야 합니다. [have to choose]
3. 여러분은 쓰레기는 쓰레기통에 버려야 합니다. [should put]
4. 여러분은 다른 사람들에게 친절하고 다정해야 합니다. [should be]
5. 여러분은 사람들에게 무례한 말을 하면 안됩니다. [should never say]

Unit 16 Chinese New Year

Vocabulary

Ⓐ 각 단어의 알맞은 의미를 찾아 연결하세요.

1. 조상: 한 사람의 유래가 되는 누군가 [f]
2. 여분의: 필요 이상의 [a]
3. 터뜨리다: 폭발하게 하다 [e]
4. 봉투: 편지나 얇은 꾸러미 등을 담는 납작한 용기 [c]
5. 휴일: 휴식 또는 즐거움을 위해 일을 쉬는 시간 [d]
6. 의상: 연극이나 화려한 드레스 무도회에서 입는 옷 [b]

Grammar: 접속사: and, or

Ⓑ 재배열하여 문장을 완성하세요.

1. 그것(중국의 설날)은 1월이나 2월에 있습니다.
   [It is in January or February]
2. 사람들은 문과 창문을 열어 놓습니다.
   [People open their doors and windows]
3. 이는 묵은 해를 나가게 하고 새해를 환영하는 것입니다.
   [This lets the old year out and welcomes the New Year]
4. 사람들은 긴 용 의상을 갖춰 입고 거리에서 춤을 춥니다.
   [People dress up in long dragon costumes and dance in the streets]
5. 사람들은 등을 만들어서 밤에 자신들의 집 현관문에 달아 놓습니다. [People make lanterns and hang them on their front doors at night]

Unit 17 The Magic Pot

Vocabulary

Ⓐ 각 단어의 알맞은 의미를 찾아 연결하세요.

1. 반복하다: 다시 말하거나 따라하다 [b]
2. 넘치다: 흐르거나 넘쳐 흐르다 [d]
3. 끓이다: 끓는 물에 (무언가를) 요리하다 [a]
4. 용서하다: 비난하는 것을 멈추거나 용서해 주다 [c]
5. 구미가 당기는: 매우 마음이 끌리는 [f]
6. 물약, 묘약: 약 성분, 마법 성분 혹은 독이 들어있는 음료 [e]

Grammar: 지각동사

Ⓑ 재배열하여 문장을 완성하세요.

1. 빅 앤서니는 마녀 할멈이 파스타 냄비에 주문을 거는 것을 들었습니다. [Big Anthony heard Grandma Witch singing a spell over her pasta pot]
2. 빅 앤서니는 마녀 할멈이 파스타 한 솥을 끓이는 것을 보았습니다. [Big Anthony saw Grandma Witch boiling a pot of pasta]
3. 빅 앤서니는 마녀 할멈이 냄비에 세 번 키스하는 것을 알아차리지 못했습니다. [Big Anthony didn't notice that Grandma Witch blew the pot three kisses]
4. 빅 앤서니는 뭔가 심각하게 잘못되었다는 것을 느꼈었습니다.
   [Big Anthony felt that something was seriously wrong]
5. 빅 앤서니는 집 전체에 파스타가 흐르는 것을 보았습니다.
   [Big Anthony saw pasta flowing throughout the entire house]

Unit 18 How Man Got Fire

Vocabulary

Ⓐ 각 단어의 알맞은 의미를 찾아 연결하세요.

1. 영원: 끝이 없는 시간 [c]
2. 고통받다: 고통, 질병, 상처 등을 경험하다 [b]
3. 격노한: 매우 화난 [a]
4. 번쩍하는 번개: 번개의 한 줄기 [e]
5. 불꽃, 불똥: 순간적으로 빛나는 불빛(섬광) [f]
6. 떨다: 추위, 공포, 흥분 등 때문에 몸을 떨다 [d]

Grammar: to부정사

Ⓑ 괄호 안의 단어를 사용하여 빈칸을 채우세요.

1. 그의 일은 동물을 만들어 내는 것이었습니다. [to create]
2. 제우스는 인간이 불을 사용하는 것을 보고 걱정이 되었습니다. [to see]
3. 프로메테우스는 불을 인간에게 되돌려주자고 제우스에게 간청했습니다. [to return]
4. 제우스는 프로메테우스가 자신에게서 불을 훔쳐간 것을 알고 매우 화가 났습니다. [to notice]

5. 그는 프로메테우스가 산 옆에 쇠사슬로 묶여 있도록 명령했습니다. [to be chained]

Unit 19 Fingers, Stones, and Bones

Vocabulary

A 각 단어의 알맞은 의미를 찾아 연결하세요.

1. 발달하다: 경험을 통해서 습득하다 [b]
2. 대신에: 어떤 것의 자리에 또는 대안으로서 [a]
3. 연결시키다: (두 사람이나 사물 사이에) 연관성을 만들거나 보다 [d]
4. 긁힌 자국: 어떤 것의 표면에 난 가는 자국 또는 상처 [c]
5. 수학자: 수학을 잘하는 사람 [e]
6. 세다: 숫자나 양을 결정하다 [f]

Grammar: 전치사: for, on, by

B 재배열하여 문장을 완성하세요.

1. 그녀는 손가락 두 개로 사슴 두 마리를 세었습니다.
   [She counted two fingers for two deer]
2. 돌멩이 두 개는 사슴 두 마리였습니다.
   [Two stones were for two deer]
3. 최고의 사냥꾼은 뼈 위에 가장 많은 선이 있는 사냥꾼이었습니다.
   [The best hunter was the hunter with the most scratches on his bone]
4. 이 숫자는 고대 인도의 수학자들에 의해 발전되었습니다.
   [These numbers were developed by ancient Indian mathematicians]
5. 숫자는 아랍 상인들에 의해 유럽으로 퍼졌습니다.
   [The numbers were spread to Europe by Arab traders]

Unit 20 A Smart Counter

Vocabulary

A 각 단어의 알맞은 의미를 찾아 연결하세요.

1. 잊어버리다: (무언가를) 생각하거나 기억하지 못하다 [b]
2. 합계: 전체 양 [d]
3. 점원: 가게에서 일하는 사람 [a]
4. 판매대: 작고 가벼운 테이블 [c]
5. 정확히 찾아내다: 확실하게 (어떤 것을) 알아내다 [f]
6. 투덜대다: 무언가에 대해서 조용하게 불평하다 [e]

Grammar: 현재완료 (have+p.p.)

B 괄호 안의 단어를 사용하여 빈칸을 채우세요.

1. 나는 숫자를 얼마나 세었는지 잊어버렸습니다.
   [have counted]
2. 그녀는 숫자를 얼마나 세었는지 잊어버렸습니다.
   [has counted]
3. 얼마나 오랫동안 그걸 세고 있는 거니?
   [have you been counting]
4. 그걸 하나씩 세고 있었니? [Have you been]
5. 당신은 제가 만났던 계산원들 중에 가장 영리한 계산원이에요.
   [have met]

미국교과서 리딩

READING

LEVEL 5 ①

Answer Key

What is a Desert?

| 본문 해석 | 사막이란 무엇일까요? p.16

사막은 세계에서 가장 건조한 땅입니다. 땅은 대부분 모래이며, 공기가 매우 건조합니다. 사막에서는 매년 몇 센티미터만 비가 내립니다. 그리고 내리는 비 대부분이 단 며칠 동안만 내립니다. 몇 달 동안은 비가 내리지 않을 수 있습니다.

사막에서는 밤과 낮 사이에 급격한 기온 차이가 있습니다. 낮 동안에는 태양열이 대지와 공기를 뜨겁게 달굽니다. 그런 다음 해가 진 후에는 온도가 많이 내려갑니다.

사막은 식물들에게 혹독한 땅입니다. 토양은 많은 수분을 가지고 있지 않습니다. 빗물이 모래를 빠져나가기 때문입니다. 토양은 충분한 영양분도 가지고 있지 않습니다. 선인장이 사막에서 살아남을 수 있는 식물 중 하나입니다. 선인장은 가늘고 긴 뿌리가 있습니다. 그 뿌리는 땅속 깊이 있는 물까지 뻗어 닿을 수 있습니다.

사막은 대부분의 동물들에게 좋은 서식지는 아닙니다. 북미산 토끼, 방울뱀, 선인장굴뚝새 정도가 사막에서 살 수 있는 동물들입니다. 이 동물들은 기온이 더 서늘한 밤에 사냥합니다. 낮 동안에 이 동물들은 뜨거운 태양으로부터 떨어져 있기 위해 그늘진 장소를 찾아야 합니다.

| Vocabulary 해석 |

• a few 서너 개, 조금: ⓝ 셋이나 넷 정도 또는 적은 수의 사람이나 물건 • temperature 기온: ⓝ 얼마나 추운지 더운지 나타내는 척도 • nutrient 영양소: ⓝ 식물들과 동물들이 자라도록 돕는 물질 • survive 생존하다, 살아남다: ⓥ 살아 있다 • reach 닿다: ⓥ ~까지 뻗어 닿다 • habitat 서식지: ⓝ 식물이나 동물이 자연스럽게 살고 자라는 곳 • hunt 사냥하다: ⓥ 야생동물을 식용이나 오락용으로 쫓아가서 죽이다 • spot 지점: ⓝ 특정 장소, 지역, 부분

| 사진 해석 |

deserts in Africa and Europe 아프리카와 유럽의 사막 Desert Animals 사막의 동물들

| Grammar Quiz: 주어-동사 일치 |

문장 ①과 ②에서 주어를 찾으세요.

① only a few centimeters of rain ② The heat from the sun

| 배경지식 확인하기 | p.15

1. 사막은 지구상에서 가장 건조한 곳입니다. [driest]
2. 사막에서는 거의 비가 오지 않습니다. [rainfall]
3. 많은 사막들이 덥지만, 매우 시원한 곳일 수도 있습니다. [cold]

| 문제 정답 및 해석 | p.18

Comprehension Checkup

A 가장 알맞은 답을 고르세요.

1. 본문은 주로 무엇에 관한 글인가요? [b]
   a. 사막에 사는 사람들
   b. 사막과 그 특징들
   c. 왜 동물들이 사막을 좋아하는가
   d. 밤 동안에 사냥하는 동물들

2. 사막의 공기는 왜 건조한가요? [a]
   a. 매년 비가 거의 내리지 않습니다.
   b. 너무 많은 식물들이 있습니다.
   c. 사막 모든 주변에 모래가 있습니다.
   d. 식물들의 뿌리가 쉽게 물에 닿을 수 있습니다.

3. 선인장에 대한 어떤 진술이 사실인가요? [c]
   a. 선인장의 뿌리는 모래 위에 설 수 없습니다.
   b. 선인장은 사막에서 살아남을 수 있는 유일한 식물입니다.

c. 선인장의 길고 가는 뿌리는 땅 속 깊이 있는 물까지 뻗어 닿을 수 있습니다.
d. 선인장은 뜨거운 태양을 피할 수 있는 곳에서 자랍니다.

4. 사막의 동물들은 왜 밤에 사냥을 하나요? [b]
a. 동물들은 밤에 쉽게 물을 찾을 수 있습니다.
b. 낮보다는 밤이 더 시원합니다.
c. 동물들은 밤에 그늘진 장소를 쉽게 찾을 수 있습니다.
d. 태양열은 밤 동안 땅을 뜨겁게 달굽니다.

추론 유형

5. 본문에서 유추할 수 있는 것은 무엇인가요? [d]
a. 사막에서 비는 주로 밤에 내립니다.
b. 선인장은 생존하기 위해서 많은 양의 물이 필요합니다.
c. 사막의 동물들은 체온이 낮습니다.
d. 물과 영양분은 식물들이 자라는 데에 중요합니다.

쓰기 유형

B 알맞은 단어를 써 넣어 문장을 완성하세요.

6. 사막은 식물들과 동물들이 생존하기에 혹독한 땅입니다. [a harsh land(habitat)]

Vocabulary & Grammar

A 알맞은 단어를 골라 빈칸을 채우세요.

1. 우리나라의 남쪽에는 매년 몇 센티미터의 비가 내립니다. [a few]
2. 여름과 겨울의 기온 간에는 극심한 차이가 있습니다. [temperature]
3. 열대우림은 야생동물에게 가장 좋은 서식지입니다. [habitat]
4. 토양에는 식물이 성장할 수 있게 하는 많은 영양분이 있습니다. [nutrients]
5. 대부분의 사막에 있는 동물들은 밤에 사냥합니다. [hunt]
6. 아주 적은 수의 식물만이 사막에서 생존할 수 있습니다. [survive]

B 알맞은 단어를 골라 문장을 완성하세요.

비 대부분이 단 며칠 동안만 내립니다. / 주어-동사 일치

주어구에 of와 같은 전치사가 있는 경우 전치사 앞의 명사(구)의 수에 동사를 맞추어야 합니다. 여러 개의 단·복수 명사가 쉼표나 접속사로 연결된 경우 복수 동사를 써야 합니다.

1. 사막에서는 매년 몇 센티미터만 비가 내립니다. [fall]
2. 낮 동안에는 태양열이 대지와 공기를 뜨겁게 달굽니다. [makes]
3. 사막은 식물들에게 혹독한 땅입니다. [is]
4. 북미산 토끼, 방울뱀, 선인장굴뚝새 정도가 사막에서 살 수 있는 동물들입니다. [are]
5. 이 동물들은 기온이 더 서늘한 밤에 사냥합니다. [hunt]

Organization & Summary

A 빈칸을 채워 구조도를 완성하세요.

원인과 결과

원인
- 땅은 대부분 모래입니다. 1. sand
- 공기는 매우 건조합니다. 2. dry
- 비가 거의 내리지 않습니다. 3. falls
- 밤과 낮 사이에 급격한 기온 차이 4. differences

결과
- 식물들에게 혹독한 땅 5. plants
- 동물들에게 힘든 서식지 6. animals

B 빈칸을 채워 요약문을 완성하세요.

사막은 세계에서 가장 건조한 땅입니다. 매년 몇 센티미터만 비가 내립니다. 그리고 내리는 비 대부분이 단 며칠 동안만 내립니다. 선인장은 사막에서 살아갈 수 있습니다. 선인장의 가늘고 긴 뿌리가 땅속 깊은 물까지 뻗어 닿을 수 있습니다. 사막의 동물들은 밤에 사냥하는데, 날씨가 더 서늘하기 때문입니다. 낮 동안에 이 동물들은 뜨거운 태양으로부터 떨어져 있는 그늘진 장소를 찾아야 합니다.

❶ desert ❷ rain ❸ cactus
❹ roots ❺ cooler ❻ spots

The Water Cycle

| 본문 해석 | 물의 순환 p.22

지구의 모든 생명체는 물이 필요합니다. 식물들은 자라기 위해서 물이 필요합니다. 동물들은 살아가기 위해서 물이 필요합니다. 그리고 우리는 매일 담수(민물)를 사용합니다. 그러나 지구에 있는 물의 97%는 바다로부터의 소금물(바닷물)입니다. 세계에 있는 물의 3%만이 강과 호수로부터 나오는 담수입니다. 여러분은 담수가 고갈되지 않을지 걱정이 되나요?
다행히도 물은 물의 순환으로 끊임없이 재생됩니다. 담수의 주요 원천은 바다의 소금물입니다. 뜨거운 태양이 바다의 물 위로 내리쬡니다. 태양이 물을 뜨겁게 하면, 물은 하늘로 증발하게 됩니다.
공기 중의 수증기는 냉각되어 아주 작은 물방울로 응축됩니다. 작은 물방울 뭉치들이 구름으로 모입니다. 구름에 있는 수분이 지구 표면으로 떨어집니다. 우리는 그것을 비 또는 눈이라고 부릅니다. 비나 눈은 바다, 강, 호수로 다시 떨어집니다. 물 일부가 증발하여 공기 중으로 되돌아갑니다. 이러한 방식으로 물의 순환은 매일 바다의 소금물을 담수로 바꿉니다.

| Vocabulary 해석 |

• run out 다 떨어지다: 다 써버리다 • fortunately 다행히도: ⓐⓓ 좋은 운 덕분에 • cycle 순환: ⓝ 어떤 사건이 순서에 따라 계속 일어나는 주기 • source 원천: ⓝ 무언가가 나오거나 시작하는 지점 • evaporate 증발하다: ⓥ 수증기로 변하다 • water vapor 수증기: 공기 중에 가스의 형태로 퍼져있는 물 • condense 응결시키다: ⓥ ~로부터 물기를 제거하다 • droplet 작은 물방울: ⓝ 액체의 작은 방울

| 사진 해석 |

stream flow 하천 유량 ocean 바다, 대양 evaporation 증발 condensation 응결 transport 이동 clouds and water vapor 구름과 수증기 rain and snow 눈과 비 infiltration 침투, 흡수 transpiration 증산(물이 기체 상태로 빠져나가는 작용)

| Grammar Quiz: be동사 |

문장 ①과 ②에서 동사를 찾으세요.
① is ② is

| 배경지식 확인하기 | p.21

1. 태양은 공기와 물을 데웁니다. [warms]
2. 일부 물은 증기로 변합니다. [turns]
3. 수증기는 하늘로 올라갑니다. [sky]

| 문제 정답 및 해석 | p.24

Comprehension Checkup

A 가장 알맞은 답을 고르세요.

1. 본문은 주로 무엇에 관한 글인가요? [d]
a. 비나 눈은 왜 내리는가
b. 사람들은 왜 물이 필요한가
c. 사람들은 어떻게 바다를 이용하는가
d. 물은 어떻게 끊임없이 재생되는가

2. 태양이 물을 뜨겁게 하면 무슨 일이 일어나나요? [d]
a. 물이 떨어집니다.
b. 물이 말라버립니다.
c. 물이 차가워집니다.
d. 물이 하늘로 증발합니다.

3. 공기 중의 수증기가 아주 작은 물방울로 응축되면 무슨 일이 일어나나요? [d]
a. 작은 물방울 뭉치들이 냉각됩니다.

b. 물방울들은 흐르는 물로 돌아갑니다.
c. 작은 물방울 뭉치들이 폭풍을 만듭니다.
d. 많은 작은 물방울들이 구름으로 모입니다.

4. 어떤 진술이 사실이 아닌가요? [d]
a. 전세계 물의 97퍼센트는 바다로부터 옵니다.
b. 비와 눈은 물방울로 만들어집니다.
c. 소금물은 담수의 주요 원천입니다.
d. 구름에서 온 모든 물은 다시 바다로 돌아갑니다.

의도 파악 유형

5. 왜 저자는 담수가 고갈될 걱정을 언급하나요? [b]
a. 담수가 어떻게 사용되는지 설명하기 위해
b. 물의 순환이 하는 역할을 강조하기 위해
c. 담수를 사용하는 예시를 들기 위해
d. 수질 오염의 위험을 경고하기 위해

쓰기 유형

B 알맞은 단어를 써 넣어 문장을 완성하세요.

6. 물의 순환은 매일 바다의 소금물을 담수로 바꾸어 줍니다. [salt water, fresh water]

Vocabulary & Grammar

A 알맞은 단어를 골라 빈칸을 채우세요.

1. 공기 중의 수증기는 더 작은 물방울로 응축됩니다. [condenses]
2. 다행히도, 우리는 물에 대해 걱정할 필요가 없습니다. [Fortunately]
3. 물은 태양이 열을 가하면 증발합니다. [evaporates]
4. 물이 증발하면 수증기가 만들어집니다. [water vapor]
5. 물의 순환 때문에 우리는 절대 물이 고갈되지 않을 것입니다. [run out]
6. 작은 물방울은 공기 중의 수증기로부터 만들어집니다. [droplets]

B 알맞은 단어를 골라 문장을 완성하세요.

지구에 있는 물의 97퍼센트는 바다의 소금물입니다. / be동사

water와 같은 불가산명사는 단수이므로 be동사 is가 쓰입니다. There로 시작하는 문장의 경우, be동사 뒤에 오는 명사(구)에 주어를 일치시키면 됩니다.

1. 세계에 있는 물의 3퍼센트만이 강과 호수로부터의 담수입니다. [is]
2. 물은 물의 순환으로 끊임없이 재생됩니다. [is]
3. 담수의 주요 원천은 바다의 소금물입니다. [is]
4. 구름에는 작은 물방울들이 있습니다. [are]
5. 구름에 있는 수분이 지구 표면으로 떨어집니다. 우리는 그것을 비 또는 눈이라고 부릅니다. [is]

Organization & Summary

A 문장들을 순서에 맞게 배열하세요.

순서

〈물의 순환〉

- 태양이 바다의 물을 뜨겁게 합니다. [1]
- 공기 중의 수증기가 냉각되어 작은 물방울로 응축됩니다. [3]
- 비나 눈이 다시 지구 표면으로 떨어집니다. 물 일부가 다시 공기 중으로 증발합니다. [5]
- 작은 물방울들이 모여서 구름이 됩니다. [4]
- 물이 하늘로 증발합니다. [2]
- 그러면, 소금물(바닷물)이 민물(담수)로 바뀝니다. [6]

B 빈칸을 채워 요약문을 완성하세요.

물은 물의 순환으로 끊임없이 재생됩니다. 태양이 바다의 물을 뜨겁게 하면, 물은 하늘로 증발하게 됩니다. 공기 중의 수증기는 냉각되어 아주 작은 물방울로 응축됩니다. 작은 물방울 뭉치들이 구름으로 모입니다. 구름에 있는 수분이 지구 표면으로 떨어집니다. 우리는 그것을 비 또는 눈이라고 부릅니다. 이러한 방식으로 물의 순환은 매일 바다의 소금물을 담수로 바꿉니다.

❶ water cycle ❷ evaporates ❸ droplets
❹ clouds ❺ rain ❻ changes

UNIT 3 Alligators and Crocodiles

| 본문 해석 | 앨리게이터와 크로커다일 p.28

앨리게이터와 크로커다일은 살아있는 가장 무시무시한 파충류입니다. 앨리게이터와 크로커다일의 긴 꼬리는 그들이 빠르게 수영할 수 있도록 돕습니다. 앨리게이터와 크로커다일은 (다른 동물의) 공격으로부터 스스로 보호하도록 단단하고 울퉁불퉁한 피부를 가지고 있습니다. 앨리게이터와 크로커다일은 열대기후에서 서식합니다. 여러분은 앨리게이터와 크로커다일을 같은 포식 동물이라고 생각할 수 있습니다. 앨리게이터와 크로커다일은 보기에 비슷하지만 서로 다릅니다.

앨리게이터는 미국과 중국에서 서식합니다. 앨리게이터는 크로커다일보다 더 작지만, 더 빠릅니다. 앨리게이터는 하루 중 대부분의 시간을 시원하게 물속에서 보냅니다. 이 뛰어난 수영선수는 민물(담수)에 사는 것을 선호하며 크로커다일보다 더 어두운 색의 피부를 지니고 있습니다. 앨리게이터의 근육은 크로커다일의 근육보다 상대적으로 더 약해서, 성인은 맨손으로 앨리게이터가 턱을 벌리지 못하게 잡을 수 있습니다.

크로커다일은 소금물에서 사는 것을 선호합니다. 크로커다일은 앨리게이터보다 더 크지만 더 느립니다. 이빨은 입 바깥에 달려 있습니다. 그리고 앨리게이터의 코는 둥근 반면, 크로커다일의 코는 뾰족합니다. 크로커다일은 앨리게이터보다 더 포악하고 더 사납습니다. 크로커다일은 얼룩말, 멧돼지, 캥거루를 먹습니다. 굶주린 크로커다일은 인간을 잡아먹을 수도 있습니다.

이제, 여러분은 앨리게이터와 크로커다일을 구별할 수 있나요? 설사 그렇다 하더라도, 항상 그들에게서 멀리 떨어져 있으세요.

| Vocabulary 해석 |

• reptile 파충류: ⓝ 뱀, 도마뱀, 악어, 거북과 같은 강(綱)에 속하는 냉혈 동물 • protect 보호하다: ⓥ 피해나 부상으로부터 안전하게 하다 • predator 포식 동물: ⓝ 자연적으로 다른 동물들을 잡아먹으며 사는 동물 • spend (시간을) 보내다: ⓥ 특정한 일을 하거나 특정한 장소에서 시간을 보내다 • relatively 상대적으로: ⓐⓓ 다른 것과 비교했을 때 • bare 맨, 벌거벗은: ⓐ 옷을 전혀 입지 않은 • human being 인간: ⓝ 호모 사피언스 종의 남자, 여자, 어린아이 • distinguish 구별하다: ⓥ 어떤 사람이나 물건을 다르게 다루거나 인식하다

| Grammar Quiz: 비교급 형용사 (-er) |

문장 ①과 ②에 따라 O나 X를 쓰세요.

① 크로커다일은 앨리게이터보다 더 작다. X ② 크로커다일은 앨리게이터보다 더 사납다. O

| 배경지식 확인하기 | p.27

1. 어떤 파충류들은 건조한 피부나 껍데기를 가지고 있습니다. [dry skin]

2. 파충류는 냉혈동물이고, 대부분은 알을 낳습니다. [eggs]

3. 파충류의 많은 중요한 집단이 현재 멸종되었습니다. [extinct]

| 문제 정답 및 해석 | p.30

Comprehension Checkup

A 가장 알맞은 답을 고르세요.

1. 본문은 주로 무엇에 관한 글인가요? [d]

a. 앨리게이터의 먹이
b. 크로커다일이 소금물을 선호하는 이유
c. 앨리게이터와 크로커다일이 함께 살 수 있는 방법
d. 앨리게이터와 크로커다일의 차이점

2. 앨리게이터의 특징 중 하나는 무엇인가요? [b]

a. 짧은 꼬리가 있습니다. **b.** 수영을 잘합니다.
c. 뾰족한 주둥이가 있습니다. **d.** 멧돼지와 캥거루를 먹습니다.

3. 크로커다일의 특징 중 하나는 무엇인가요? [b]

a. 둥그런 주둥이가 있습니다.
b. 소금물에서 사는 것을 선호합니다.
c. 상대적으로 근육이 약합니다.
d. 하루 중 대부분의 시간을 시원하게 물속에서 보냅니다.

4. 배고픈 크로커다일은 무엇을 할 수도 있나요? [a]
  a. 인간을 잡아먹을 수도 있습니다.
  b. 다른 크로커다일을 잡아먹을 수도 있습니다.
  c. 얼룩말과 멧돼지를 잡아먹을 수도 있습니다.
  d. 밤낮으로 먹이를 사냥할 수도 있습니다.

추론 유형

5. 본문에서 유추할 수 있는 것은 무엇인가요? [c]
  a. 앨리게이터와 크로커다일은 보통 먹이를 두고 싸웁니다.
  b. 앨리게이터와 크로커다일을 구분하는 것은 어렵습니다.
  c. 크로커다일은 앨리게이터보다 더 강력한 포식 동물입니다.
  d. 앨리게이터는 상대적으로 크로커다일보다 사람들에게 더 친근합니다.

쓰기 유형

B 알맞은 단어를 써 넣어 문장을 완성하세요.

6. 앨리게이터와 크로커다일은 보기에 비슷하지만, 여러가지 면에서 다릅니다. [look-alikes, are different]

Vocabulary & Grammar

A 알맞은 단어를 골라 빈칸을 채우세요.

1. 앨리게이터는 크로커다일보다 상대적으로 더 약합니다. [relatively]
2. 앨리게이터와 크로커다일은 파충류로 분류될 수 있습니다. [reptiles]
3. 그들은 단단하고 울퉁불퉁한 피부로 스스로 보호할 수 있습니다. [protect]
4. 인간은 배고픈 크로커다일에게 먹힐 수도 있습니다. [human being]
5. 앨리게이터는 시간 대부분을 물속에서 보냅니다. [spends]
6. 앨리게이터와 크로커다일은 열대기후에서 서식하는 포식 동물입니다. [predators]

B 알맞은 단어를 골라 문장을 완성하세요.

이 뛰어난 수영 선수는 크로커다일보다 더 어두운 색의 피부를 지니고 있습니다. / 비교급 형용사

비교급 형용사는 형용사 뒤에 '-er'을 붙이거나, 긴 음절의 형용사는 앞에 more를 붙여 나타냅니다. 비교급 형용사 뒤에 'than+비교 대상'이 이어집니다.

1. 앨리게이터는 크로커다일보다 더 작지만, 더 빠릅니다. [smaller, faster]
2. 앨리게이터의 근육은 크로커다일의 근육보다 상대적으로 더 약합니다. [than]
3. 크로커다일은 앨리게이터보다 더 크지만 더 느립니다. [but slower]
4. 크로커다일은 앨리게이터보다 더 포악하고 더 사납습니다. [angrier and meaner]
5. 크로커다일의 코는 앨리게이터의 코보다 더 뾰족합니다. [more pointed]

Organization & Summary

A 빈칸을 채워 표를 완성하세요.

비교와 대조

앨리게이터
- 담수에 사는 것을 선호함 — 1. fresh water
- 더 작고, 더 빠름 • 더 어두운 피부
- 더 약한 근육 — 2. muscles

공통점
- 긴 꼬리, 단단하고 울퉁불퉁한 피부 — 3. bumpy
- 열대 기후에 거주 — 4. tropical climates

크로커다일
- 소금물에 사는 것을 선호함 — 5. salt water
- 더 크고, 더 느림 • 더 포악하고, 더 사나움
- 더 뾰족한 코가 있음 — 6. snouts

B 빈칸을 채워 요약문을 완성하세요.

앨리게이터와 크로커다일은 보기에 비슷하지만 서로 다릅니다. 앨리게이터와 크로커다일의 긴 꼬리는 그들이 빠르게 수영할 수 있도록 돕습니다. 앨리게이터와 크로커다일은 (다른 동물의) 공격으로부터 스스로를 보호하도록 울퉁불퉁한 피부를 가지고 있습니다. 앨리게이터와 크로커다일은 열대기후에서 서식합니다. 앨리게이터는 크로커다일보다 더 작지만, 더 빠릅니다. 앨리게이터의 근육은 크로커다일의 근육에 비해 더 약하고 피부는 더 어둡습니다. 크로커다일은 소금물에 있는 것을 선호합니다. 크로커다일은 앨리게이터보다 더 크지만 더 느립니다. 크로커다일은 앨리게이터보다 더 포악하고 더 사납습니다.

❶ look-alikes ❷ attacks ❸ faster
❹ weaker ❺ slower ❻ meaner

Forests

| 본문 해석 | 숲 p. 34

숲은 지구 대부분의 지역에서 발견됩니다. 숲은 북쪽의 광활한 북방림, 온대림, 적도 근처의 열대림을 포함하는 많은 다양한 지역에서 자랍니다.

북방림은 북반구 수목 한계선 아래에서 찾아볼 수 있습니다. 수목 한계선은 일년 내내 땅이 얼어있는 북극의 영구 동토층의 시작점을 나타냅니다. 나무들은 녹색 바늘잎과 씨앗 솔방울을 지닌 침엽수입니다. 북방림은 늑대, 북미산 큰 사슴, 북미산 순록, 사슴의 서식지입니다.

온대림은 사계절을 가진 기후대에 걸쳐 있습니다. 대부분의 나무는 낙엽성입니다. 나무들은 가을에 색깔이 변하고 땅에 떨어지는 큰 잎들을 가지고 있습니다. 단풍나무와 참나무가 그 두 예입니다. 온대림에서는 여우, 곰, 사슴, 너구리, 많은 새들을 포함한 수많은 종의 동물들이 발견될 수 있습니다.

열대림은 적도 근처에서 발견됩니다. 이 지역들은 덥고 습하며 강수량이 많습니다. 이국적인 화초, 곤충, 원숭이, 대부분의 약용 식물들이 열대림에서 발견됩니다. 일부 열대림 나무들은 수천 년이 되었고 도시의 고층 빌딩만큼 높게 자랍니다.

| Vocabulary 해석 |

• vast 어마어마한: ⓐ 크기, 양, 정도, 특히 범위나 규모가 대단히 큰 • equator 적도: ⓝ 북극과 남극으로부터 같은 거리에 있는 지구의 큰 원 • remain 머무르다: ⓥ 같은 상태로 있다 • coniferous 침엽수의: ⓐ 솔방울이나 상록수잎을 지닌 나무나 관목과 관련된 • deciduous 낙엽성의: ⓐ 성장 시기가 지난 후 나뭇잎을 떨구는 • species 종: ⓝ 특정한 종류의 생물 • humid 습한: ⓐ 수증기를 많이 포함한 • exotic 이국적인: ⓐ 먼 외국에서 유래되거나 그 특징인

| Grammar Quiz: 수동태 (be + p.p.) |

문장 ①과 ②에서 동사를 찾으세요.

① can be found ② are found

| 배경지식 확인하기 | p. 33

1. 숲은 또 다른 육지 서식지입니다. [habitat]
2. 숲은 많은 나무들이 있는 지역입니다. [trees]
3. 숲에는 사슴, 곰, 너구리, 여우 등을 포함한 많은 동물들이 살고 있습니다. [animals]

| 문제 정답 및 해석 | p. 36

Comprehension Checkup

A 가장 알맞은 답을 고르세요.

1. 본문은 주로 무엇에 관한 글인가요? [d]
   a. 온대 지방 **b.** 열대 지방
   c. 나무와 동물 **d.** 숲의 여러 유형

2. 북방림의 두 가지 특징은 무엇인가요? (정답 두 개를 고르세요.) [a, c]
   a. 북극의 영구 동토층에 위치해 있습니다.
   b. 많은 새들과 곤충들의 서식지입니다.
   c. 녹색 바늘잎을 지닌 침엽수가 있습니다.
   d. 남반구 수목 한계선 아래에서 찾아볼 수 있습니다.

3. 온대림에서 어떤 동물들을 발견할 수 있나요? [a]
   a. 여우와 곰
   b. 원숭이와 늑대
   c. 늑대와 북미산 큰 사슴
   d. 북미산 순록과 너구리

4. 열대림의 특징이 아닌 것은 무엇인가요? [b]
   a. 강수량이 많습니다.
   b. 사계절이 있습니다.
   c. 덥고 습합니다.

d. 적도 근처에서 발견됩니다.

의도 파악 유형

5. 저자가 네 번째 문단에서 도시의 고층 건물을 언급하는 이유는 무엇인가요? [c]
   a. 열대림의 모양을 묘사하기 위해서
   b. 열대림의 중요성을 강조하기 위해서
   c. 열대림의 나무들이 얼마나 큰지 강조하기 위해서
   d. 숲 개발의 상징의 예를 들기 위해서

쓰기 유형

B 알맞은 단어를 써 넣어 문장을 완성하세요.

6. 숲은 광활한 북방림, 온대림, 적도 근처의 열대림을 포함하는 많은 다양한 지역에서 자랍니다. [many different regions, boreal]

Vocabulary & Grammar

A 알맞은 단어를 골라 빈칸을 채우세요.

1. 낙엽수는 잎사귀가 크고 가을에 단풍이 듭니다. [deciduous]
2. 영구 동토층은 일년 내내 땅이 계속 얼어있는 곳입니다. [remains]
3. 수백만 종의 곤충이 숲에 삽니다. [species]
4. 열대림은 적도 근처에서 발견될 수 있습니다. [equator]
5. 이국적인 꽃, 곤충, 원숭이, 대부분의 약용 식물들이 열대림에서 발견됩니다. [Exotic]
6. 열대림은 덥고 습하며 강수량이 많습니다. [humid]

B 알맞은 단어를 골라 문장을 완성하세요.

숲은 지구 대부분의 지역에서 발견됩니다. / 수동태

주어가 동사의 동작이나 행위를 행하는 것이 아니라 그 영향을 받는 맥락인 경우에 수동태가 쓰입니다. 주어의 수에 유의하여 수동태 be동사를 써야 합니다. 조동사가 함께 쓰일 경우 '조동사+be+p.p.' 형태임에 유의합니다.

1. 북방림은 북반구 수목 한계선 아래에서 찾아볼 수 있습니다. [can be found]
2. 수목 한계선은 북극의 영구 동토층의 시작점을 나타냅니다. [marks]
3. 온대림에서는 여우, 곰, 많은 새들을 포함한 수많은 종의 동물들이 발견될 수 있습니다. [can be found]
4. 열대림은 적도 근처에서 발견됩니다. [are found]
5. 이국적인 화초, 곤충, 원숭이, 대부분의 약용 식물들이 열대림에서 발견됩니다. [are found]

Organization & Summary

A 빈칸을 채워 표를 완성하세요.

분류하기 〈숲의 세 가지 유형〉

북방림

- **위치:** 북반구 수목 한계선 아래 1. below
- **나무와 식물:** 녹색 바늘잎과 씨앗 솔방울을 지닌 침엽수 2. needles
- **동물:** 늑대, 북미산 큰 사슴, 북미산 순록, 사슴

온대림

- **위치:** 사계절이 있는 기후대에 걸쳐 있음
- **나무와 식물:** 큰 잎을 가지고 있는 낙엽수 3. deciduous
- **동물:** 많은 종의 동물들 4. species

열대림

- **위치:** 덥고 습한 지역인 적도 주변에 위치 5. humid
- **나무와 식물:** 이국적인 화초와 약용 식물
- **동물:** 곤충과 원숭이 6. insects

B 빈칸을 채워 요약문을 완성하세요.

북방림은 북반구 수목 한계선 아래에서 찾아볼 수 있습니다. 북방림은 늑대, 북미산 큰 사슴, 북미산 순록, 사슴들의 서식지입니다. 나무들은 침엽수입니다. 온대림은 사계절을 가진 기후대에 걸쳐 있습니다. 나무들은 낙엽성입니다. 온대림에서는 여우, 곰, 사슴, 너구리, 새들을 볼 수 있습니다. 열대림은 적도 근처에서 발견됩니다. 이 지역들은 덥고 습하며 강수량이 많습니다. 이국적인 화초와 대부분의 약용 식물들을 열대림에서 찾을 수 있습니다.

❶ found ❷ coniferous ❸ seasons
❹ equator ❺ rainfall ❻ Exotic

| 본문 해석 | 곤충

p. 42

곤충들은 작은 벌레들입니다. 과학자들은 전 세계에 걸쳐 오백만 종이 넘는 서로 다른 곤충들을 발견했습니다. 곤충은 다양한 모습과 크기를 가지고 있습니다. 곤충은 매우 흥미로운 동물입니다.

곤충의 몸은 세 부분으로 되어 있습니다. 곤충은 큰 머리, 긴 목, 두꺼운 배가 있습니다. 많은 곤충들은 큰 눈과 두 개의 더듬이가 있습니다. 모든 곤충들은 다리가 여섯 개입니다. 다른 벌레들은 더 많은 다리가 있습니다. 배는 제일 끝에 있는 큰 등으로 곤충들이 음식을 에너지로 변환시키는 곳입니다.

곤충들은 독특한 생애 주기를 가지고 있습니다. 나비의 생애 주기를 살펴 봅시다. 나비는 알을 낳습니다. 그러면 작은 애벌레가 알에서 깨어나옵니다. 애벌레가 새끼 곤충이지요. 며칠 후에 애벌레는 고치로 완전히 변합니다. 그 이후에 나비가 고치에서 나옵니다. 여러분은 이 생애 주기에서 어느 단계가 좀 더 흥미롭다고 생각하시나요?

어떤 사람들은 곤충들이 혐오스럽다고 말합니다. 모기, 바퀴벌레, 벼룩은 인간에게 매우 해롭습니다. 그러나 대부분의 곤충들은 좋고 이롭습니다. 벌들은 이 꽃 저 꽃으로 꽃가루를 옮김으로써 우리가 식량을 재배하는 데 도움을 줍니다. 무당벌레는 곡물에 해를 끼치는 진드기를 먹습니다. (잠자리는 모기를 먹습니다.) 곤충들은 추한 생물이 아닙니다. 곤충들은 분명 자연의 중요한 일부입니다.

| Vocabulary 해석 |

• bug 벌레: ⓝ 모든 곤충을 나타내는 용어 • abdomen 배(복부): ⓝ (몸의) 가슴 밑의 부분으로 위와 다른 장기들이 있는 곳 • unique 독특한: ⓐ 매우 독특하며 필적하는 것이 없는 • larva 애벌레: ⓝ 곤충의 가장 어린 형태인 애벌레처럼 생긴 것 • hatch 부화하다: ⓥ 알에서 나오다 • disgusting 혐오스러운: ⓐ 매우 역겨운 • harmful 해로운: ⓐ 해를 끼치거나 해를 끼칠 수 있는 • pollen 꽃가루: ⓝ 꽃이 피는 식물에서 생성되는 미세한 가루

| 사진 해석 |

insect body parts 곤충 몸의 부분 Head 머리 Antenna 더듬이 Compound eye 겹눈 Mouthparts 입틀 Neck 목 Abdomen 배, 복부 Leg 다리 life cycle of a butterfly 나비의 생애 주기

| Grammar Quiz: 형용사 |

문장 ①과 ②에서 형용사를 찾으세요.

① large ② unique

| 배경지식 확인하기 | p. 41

1. 곤충은 머리, 가슴, 배의 세 부분으로 되어 있습니다. [body parts]
2. 곤충은 해충이 될 수 있지만, 또한 우리에게 매우 중요합니다. [pests]
3. 쇠똥구리는 우리를 위해 똥을 치워줍니다. [clean]

| 문제 정답 및 해석 | p. 44

Comprehension Checkup

A 가장 알맞은 답을 고르세요.

1. 본문은 주로 무엇에 관한 글인가요? [c]
   a. 곤충의 먹이 **b.** 곤충의 서식지
   c. 곤충의 특징 **d.** 곤충이 혐오스러운 이유

2. 배에 관한 올바른 설명은 무엇인가요? [c]
   a. 두 개의 더듬이가 달린 큰 눈입니다.
   b. 곤충이 꽃가루를 에너지로 바꾸는 뚱뚱한 등의 끝입니다.

c. 곤충이 음식물을 에너지로 바꾸는 제일 끝에 있는 큰 등입니다.
d. 애벌레 다음에 오는 곤충의 생애 주기 단계입니다.

3. 나비의 생애 주기의 알맞은 순서는 무엇인가요? [b]
① 작은 애벌레가 부화합니다.
② 나비가 알을 낳습니다.
③ 나비가 나옵니다.
④ 새끼 곤충은 고치로 변합니다.

4. 무당벌레는 인간에게 어떻게 도움이 되나요? [b]
a. 무당벌레는 바퀴벌레와 벼룩을 잡아먹습니다.
b. 무당벌레는 작물에 해로운 벌레들을 잡아먹습니다.
c. 무당벌레는 농작물이 에너지로 변하는 것을 도와줍니다.
d. 무당벌레는 이 꽃 저 꽃으로 꽃가루를 옮겨줍니다.

문장 삽입 유형

5. 다음의 문장이 들어갈 알맞은 위치는 어디인가요? [d]

잠자리는 모기를 먹습니다.

쓰기 유형

B 알맞은 단어를 써 넣어 문장을 완성하세요.

6. 곤충은 세 개의 신체 부분과 독특한 생애 주기를 가지고 있기에 흥미로운 동물입니다.[body parts, unique life cycle]

Vocabulary & Grammar

A 알맞은 단어를 골라 빈칸을 채우세요.

1. 곤충은 큰 머리, 긴 목, 두꺼운 배를 가지고 있습니다. [abdomen]
2. 알에서 나온 애벌레는 새끼 곤충입니다. [larva]
3. 곤충은 독특한 생애 주기를 가지고 있습니다. [unique]
4. 각각의 알에서 작은 애벌레가 부화하며, 그것이 새끼 곤충입니다. [hatches]
5. 벌들은 이 꽃 저 꽃으로 꽃가루를 옮깁니다. [pollen]
6. 우리는 작은 벌레를 곤충이라고 부를 수 있습니다. [bugs]

B 알맞은 단어를 골라 문장을 완성하세요.

곤충은 독특한 생애 주기를 가지고 있습니다.
곤충의 생애 주기는 독특합니다. / 형용사

형용사는 명사(구)의 형태, 특징, 성격 등을 설명해주는 말입니다. 명사 앞에 위치하거나 주어를 설명하는 보어 자리에 쓰일 수도 있습니다.

1. 며칠 후에 애벌레는 고치로 완전히 변합니다. [totally]
2. 어떤 사람들은 곤충은 역겹다고 말합니다. [disgusting]
3. 모기, 바퀴벌레, 벼룩은 인간에게 매우 해롭습니다. [harmful]
4. 무당벌레는 곡물에 해를 끼치는 진딧물을 먹습니다. [harm]
5. 곤충들은 분명 자연의 중요한 부분입니다. [surely]

Organization & Summary

A 빈칸을 채워 표를 완성하세요.

핵심 주제와 세부 사항 **〈핵심 주제: 곤충, 흥미로운 동물〉**

세부 사항 1: 신체 부분
- 머리: 큰 눈, 두 개의 안테나
- 목: 김 1. neck
- 배: 큰 끝부분 2. back end

세부 사항 2: 나비의 생애 주기
알 → 애벌레 → 고치 → 나비 3. egg 4. chrysalis

세부 사항 3: 인간에게 이로움
- 벌: 꽃가루를 이 꽃 저 꽃으로 옮김으로써 식량을 자라게 함 5. bees
- 무당벌레: 진드기를 먹어 치움
- 잠자리: 모기를 먹어 치움 6. mosquitoes

B 빈칸을 채워 요약문을 완성하세요.

곤충은 다양한 생김새와 크기를 가진 작은 벌레입니다. 곤충의 몸은 머리, 목, 배 세 개의 부분으로 되어 있습니다. 모든 곤충은 다리가 여섯 개입니다. 나비는 알을 낳습니다. 그리고 나서, 작은 애벌레가 알에서 부화합니다. 며칠이 지나면, 애벌레가 고치로 완전히 변합니다. 나중에, 이 고치에서 나비가 나오게 됩니다. 모기와 바퀴벌레, 벼룩은 사람에게 해롭습니다. 하지만 대부분 곤충은 좋고 이롭습니다. 벌은 우리가 식량을 재배할 수 있도록 돕습니다. 무당벌레는 진드기를 잡아먹습니다.

❶ bugs ❷ abdomen ❸ lays
❹ larva ❺ harmful ❻ helpful

The Solar System

| 본문 해석 | 태양계 p. 48

태양계는 태양과 그 주위를 도는 모든 행성들입니다. 우리 태양계는 태양, 여덟 개의 행성, 위성, 가스와 먼지로 구성되어 있습니다. 태양계의 모든 물체는 태양의 궤도를 돌고 있습니다.

우리 태양계의 행성들은 내행성과 외행성 두 종류로 나뉩니다. 내행성은 태양에 더 가까이 있습니다. 수성, 금성, 지구, 화성이 내행성입니다. 내행성은 암석으로 된 표면을 가지고 있습니다. 지구는 물과 산소를 가진 유일한 행성입니다. 이것이 바로 지구에 생명체가 존재하는 이유입니다.

화성 너머에는 외행성들이 있습니다. 외행성들은 목성, 토성, 명왕성, 해왕성입니다. 모든 외행성은 가스로 이루어져 있습니다. 외행성들은 내행성보다 더 큽니다. 우리의 태양계에서 가장 큰 행성은 목성입니다. 몇몇 외행성들은 주위에 고리를 가지고 있습니다. 고리들은 바위와 얼음조각으로 구성되어 있습니다. 토성은 그 둘레에 아름다운 고리를 가지고 있는 것으로 유명합니다.

위성들은 행성 주위의 궤도를 도는 물체들입니다. 화성과 금성을 제외한 모든 행성은 위성을 가지고 있습니다. 우리가 알고 있듯이, 지구는 단 한 개의 위성을 가지고 있습니다.

| Vocabulary 해석 |

• planet 행성: ⓝ 태양계에서 태양 주위를 도는 큰 천체 • dust 먼지: ⓝ 미세한 가루 물질 • orbit 주위를 돌다: ⓥ 무언가의 주위를 원을 그리며 돌다 • inner 내부의: ⓐ 중심에 가까운 • outer 외부의: ⓐ 밖에 있거나 중심에서 먼 • surface 표면: ⓝ 어떤 것의 바깥 부분이나 층 • revolve 회전하다: ⓥ 축이나 가운데를 중심으로 혹은 그 주변을 돌다 • except 제외한: (pre) 포함하지 않는, 그 외의

| 사진 해석 |

the sun and planets of the solar system (Sizes are to scale.) 태양계의 태양과 행성들 (크기는 일정한 비율에 따릅니다.)

| Grammar Quiz: 관계대명사 that |

문장 ①과 ②에서 that이 가리키는 것을 찾으세요.

① the only planet ② the objects

| 배경지식 확인하기 | p. 47

1. 태양계에는 여덟 개의 행성들이 있습니다. [planets]
2. 수성은 태양에서 가장 가까운 행성입니다. [the closest]
3. 행성은 공 모양입니다. [ball-shaped]

| 문제 정답 및 해석 | p. 50

Comprehension Checkup

A 가장 알맞은 답을 고르세요.

1. 본문은 주로 무엇에 관한 글인가요? [c]
a. 위성이 행성 주위를 도는 이유
b. 행성과 위성의 차이점
c. 태양계의 구조와 특징
d. 우리 태양계 행성의 모양과 크기

2. 내행성에 대한 어떤 진술이 사실이 아닌가요? [c]
a. 화성이 그들 중 하나입니다.
b. 암석으로 된 표면을 가지고 있습니다.
c. 외행성보다 상대적으로 더 큽니다.
d. 외행성보다 태양에 더 가깝습니다.

3. 어떤 진술이 사실인가요? (정답 두 개를 고르세요.) [a, c]

a. 토성은 그 둘레에 아름다운 고리들을 가지고 있습니다.
b. 천왕성은 바위와 얼음 조각으로 이루어져 있습니다.
c. 목성은 태양계에서 가장 큰 행성입니다.
d. 태양계의 모든 행성들은 위성이 있습니다.

4. 위성은 무엇을 하나요? [b]
a. 지구를 밝게 합니다. b. 행성 주위를 돕니다.
c. 우주선 주위를 돕니다. d. 외행성 주변에 고리를 만듭니다.

추론 유형

5. 본문에서 유추할 수 있는 것은 무엇인가요? [d]
a. 위성은 오래되면 사라질 수 있습니다.
b. 내행성들은 외행성들보다 가볍습니다.
c. 행성의 크기는 태양으로부터의 거리를 알려줍니다.
d. 물, 산소, 땅은 생명이 존재하는데 필수적입니다.

쓰기 유형

B 알맞은 단어를 써 넣어 문장을 완성하세요.

6. 우리 태양계는 태양, 여덟 개의 행성, 위성, 가스와 먼지로 구성되어 있습니다. [some gases, dust]

Vocabulary & Grammar

A 알맞은 단어를 골라 빈칸을 채우세요.

1. 모든 외행성들은 내행성들보다 더 큽니다. [inner]
2. 지구를 제외한 모든 행성에는 생명체가 존재하지 않습니다. [except]
3. 내행성은 암석으로 된 표면을 가지고 있으며, 주변에 고리는 없습니다. [surfaces]
4. 태양계의 모든 물체들은 태양 주변을 돕니다. [orbits]
5. 목성, 토성, 천왕성, 해왕성은 외행성입니다. [outer]
6. 우리 태양계에는 여덟 개의 행성이 있습니다. [planets]

B 관계대명사 that의 알맞은 위치를 고르세요.

태양계는 태양과 그 주위를 도는 모든 행성들입니다.
/ 관계대명사 that

관계대명사 that이 관계절에서 주어 역할을 하는 주격 관계대명사로 쓰인 경우입니다. 관계대명사 that의 선행사는 사람, 동물, 물건 모두 가능합니다. 관계절의 동사는 선행사의 수에 일치시킵니다.

1. 내행성은 태양과 가까운 네 개의 행성들입니다. [②]
2. 지구는 물과 산소가 있는 유일한 행성입니다. [②]
3. 외행성은 태양계에서 먼 네 개의 행성들입니다. [②]
4. 몇몇 외행성은 바위와 얼음조각으로 이루어진 고리가 주변에 있습니다. [③]
5. 위성들은 행성 주위를 도는 물체들입니다. [②]

Organization & Summary

A 빈칸을 채워 표를 완성하세요.

분류하기 〈태양계〉

내행성
- **행성:** 수성, 금성, 지구, 화성
- **태양으로부터의 거리:** 태양에 더 가까운 1. closer
- **특징:** 암석으로 된 표면 2. rocky

외행성
- **행성:** 목성, 토성, 천왕성, 해왕성
- **태양으로부터의 거리:** 태양으로부터 더 먼
- **특징:** 가스로 만들어졌고, 몇몇은 주변에 고리가 있음

3. gas 4. rings

태양, 위성, 가스, 먼지 5. Sun
- **특징:** 위성은 행성 주위를 회전합니다. 6. revolve

B 빈칸을 채워 요약문을 완성하세요.

우리 태양계는 태양과 여덟 개의 행성, 위성, 가스와 먼지로 이루어져 있습니다. 태양계의 모든 물체는 태양의 궤도를 돌고 있습니다. 내행성은 태양에 더 가까이 있습니다. 수성과 금성, 지구, 화성은 내행성입니다. 내행성은 암석으로 된 표면을 가지고 있습니다. 지구는 물과 산소가 있는 유일한 행성입니다. 외행성은 목성과 토성, 천왕성, 해왕성입니다. 외행성은 가스로 이루어져 있습니다. 외행성은 내행성보다 더 큽니다. 토성은 그 둘레의 아름다운 고리로 유명합니다.

❶ consists ❷ orbit ❸ inner
❹ oxygen ❺ gas ❻ rings

Climate

| 본문 해석 | 기후

p. 54

기후란 오랜 기간에 걸쳐 나타나는 날씨의 일반적인 상태를 말합니다. 지구에는 크게 네 종류의 기후대가 있습니다. 한대기후, 사막기후, 온대기후, 열대기후입니다.

한대기후 지역은 지구에서 가장 추운 곳입니다. 한대기후 날씨는 일년 내내 매우 춥습니다. 심지어 바다마저도 얼음으로 뒤덮여 하얗습니다. 한대 기후는 북극과 남극 인근에서 발견됩니다.

반면, 일년 내내 뜨겁고 건조한 날씨를 가진 지역이 있습니다. 이것은 사막 지역입니다. 이 지역은 적도 가까이에서 발견됩니다. 사막기후에서는 비가 거의 오지 않아서, 소수의 식물만이 자랍니다.

어떤 지역은 한해 동안 계절이 바뀝니다. 온대기후는 사계절을 가지고 있습니다. 날씨는 너무 덥지도 너무 춥지도 않고, 식물들이 잘 자랍니다. 온대기후 지역은 적도의 북쪽과 남쪽 모두에서 발견됩니다.

열대기후 지역은 한해의 대부분이 뜨겁고 습합니다. 어떤 열대지역은 일년 내내 비가 많이 옵니다. 이 지역들은 북회귀선과 남회귀선 사이에 걸쳐 있습니다. 다양한 동물들과 형형색색의 새들이 이 지역에 살고 있습니다.

| Vocabulary 해석 |

• condition 상태: ⓝ 특정 시간의 상황 • region 지역: ⓝ 지구 표면에서 정확하게 정해지지 않은 넓은 장소 • polar 극지의: ⓐ 북극이나 남극의 혹은 그와 관련된 • freezing 꽁꽁 언: ⓐ 매우 추운 • contrary 반대: ⓝ 완전한 반대 • tropical 열대의: ⓐ 열대 지역같이 뜨겁고 습한 • receive 받다: ⓥ 무엇인가를 얻다 • various 다양한: ⓐ 많은 다른 종류의

| Grammar Quiz: 전치사 |

문장 ①과 ②에서 아래와 같은 뜻을 가진 전치사를 찾으세요.

① ~동안 = over ② ~에 가까운 = near

| 배경지식 확인하기 | p. 53

1. 기후는 한 지역에서 보통 어떤 날씨가 발생하는지 알려줍니다. [weather]

2. 북극은 지구상에서 가장 추운 곳들 중 하나입니다. [the coldest]

3. 북극의 동물들은 그들을 따뜻하게 유지하기 위한 깃털이나 털이 있습니다. [fur]

| 문제 정답 및 해석 | p. 56

Comprehension Checkup

A 가장 알맞은 답을 고르세요.

1. 본문은 주로 무엇에 관한 글인가요? [d]
  a. 기후와 날씨의 차이점
  b. 더운 날씨와 추운 날씨의 차이점
  c. 크게 네 종류의 기후대가 있는 이유
  d. 큰 네 종류 기후대의 특징

2. 극지방의 기후를 가진 지역에 대한 어떤 진술이 사실인가요? [b]
  a. 비가 매우 적게 옵니다.
  b. 바다가 얼음으로 뒤덮여 하얗습니다.
  c. 다양한 식물들이 잘 자랍니다.
  d. 두 계절에 걸쳐 날씨가 매우 춥습니다.

3. 온대기후인 지역은 어디에 있나요? [b]
  a. 적도 가까이
  b. 적도의 북쪽과 남쪽에
  c. 북극과 남극 근처에
  d. 북회귀선과 남회귀선 사이에

4. 열대기후인 지역에 대한 어떤 진술이 사실이 아닌가요? [a]
   a. 너무 덥거나 춥지 않습니다.
   b. 형형색색의 새들이 그곳에 삽니다.
   c. 한해의 대부분이 습합니다.
   d. 일년 내내 비가 많이 옵니다.

추론 유형

5. 본문에서 유추할 수 있는 것은 무엇인가요? [d]
   a. 계절이 변하면서 날씨도 변합니다.
   b. 어느 기후 지역이 가장 넓은지 파악하는 것은 어렵습니다.
   c. 강수량은 동물의 종 수에 영향을 미칩니다.
   d. 한 장소가 지구상에 어디에 위치하느냐가 그 지역의 날씨에 영향을 줍니다.

쓰기 유형

B 알맞은 단어를 써 넣어 문장을 완성하세요.

6. 지구상에 존재하는 큰 네 종류의 기후대는 극지방, 사막, 온대, 열대기후입니다.
   [polar, desert, temperate, tropical climates]

Vocabulary & Grammar

A 알맞은 단어를 골라 빈칸을 채우세요.

1. 열대 지역에는 매년 많은 비가 옵니다. [receive]
2. 당신이 남극에 방문 한다면 굉장히 추울 겁니다. [freezing]
3. 기후란 오랜 기간에 걸쳐 나타나는 날씨의 일반적인 상태를 말합니다. [conditions]
4. 북극과 남극은 극지방입니다. [polar]
5. 열대 지역은 덥고 습합니다. [Tropical]
6. 반면, 사막은 극지방보다 훨씬 더 덥습니다. [contrary]

B 알맞은 단어를 골라 문장을 완성하세요.

한대기후 날씨는 일년 내내 매우 춥습니다. / 전치사

전치사는 명사나 대명사 앞에 놓여 다른 명사나 대명사와의 관계를 나타내는 말입니다. over는 '(기간)~동안에', near는 '~가까이에', with는 '(특징)~이 있는', between은 '~와 …사이에'의 의미를 나타냅니다.

1. 기후란 오랜 기간에 걸쳐 나타나는 날씨의 일반적인 상태를 말합니다. [over]
2. 한대기후는 북극과 남극 인근에서 발견됩니다. [near]
3. 일년 내내 뜨겁고 건조한 날씨를 가진 지역이 있습니다. [with]
4. 이 지역은 적도 가까이에서 발견됩니다. [to]
5. 이 지역은 북회귀선과 남회귀선 사이에 걸쳐 있습니다. [between]

Organization & Summary

A 빈칸을 채워 표를 완성하세요.

분류하기 **〈기후대의 큰 네 종류〉**

한대기후
- **지역:** 북극과 남극 가까이
- **날씨:** 추운, 꽁꽁 언
- **특징:** 얼음으로 뒤덮인 하얀 바다 — 1. icy

사막기후
- **지역:** 적도에 가까운
- **날씨:** 덥고 건조한
- **특징:** 비가 거의 내리지 않는, 소수의 식물들 — 2. little

온대기후
- **지역:** 적도의 북쪽과 남쪽에 — 3. equator
- **날씨:** 너무 덥거나 춥지 않은 — 4. too
- **특징:** 사계절, 식물들이 잘 자랍니다.

열대기후
- **지역:** 북회귀선과 남회귀선 사이에
- **날씨:** 덥고 습한 — 5. humid
- **특징:** 많은 비, 다양한 동물과 새들 — 6. heavy

B 빈칸을 채워 요약문을 완성하세요.

기후는 오랜 기간에 걸쳐 나타나는 일반적인 날씨의 상태를 말합니다. 한대기후는 북극과 남극 근처에서 발견됩니다. 한대기후 날씨는 일년 내내 매우 춥습니다. 사막기후 지역은 적도 가까이에서 발견됩니다. 사막기후 지역은 일년 내내 뜨겁고 건조합니다. 온대기후는 적도의 북쪽과 남쪽 모두에서 발견됩니다. 온대기후 지역에는 사계절이 있습니다. 날씨가 너무 덥지도 너무 춥지도 않습니다. 열대기후 지역은 북회귀선과 남회귀선 사이에 걸쳐 있습니다. 열대기후 지역에는 한해의 대부분 비가 옵니다.

❶ conditions ❷ freezing ❸ close
❹ dry ❺ lie ❻ rainy

Science UNIT 8 What Is Light?

| 본문 해석 | 빛은 무엇일까요? p. 60

빛은 무엇일까요? 빛은 물질이 아닙니다. 빛은 어떤 물체에 반사된 에너지의 한 형태입니다. 빛은 모래와 같이 아주 작은 입자의 형태로 움직입니다. 그러나 우리는 빛 자체를 볼 수는 없습니다. 우리는 어떤 원천에서 나오는 빛이 물체에 부딪혀 우리 눈을 향해 튕겨나갈 때만 물체를 보게 됩니다. 빛이 물질에서 튕기는 것을 반사라고 합니다.

빛의 원천은 스스로 빛을 만들어내는 물질입니다. 태양은 지구의 가장 중요한 빛의 원천입니다. 다른 별들 역시 빛의 원천입니다. 어떤 뜨거운 물체도 빛의 원천일 수 있습니다. 예를 들어, 뜨거운 가열 기구가 켜지면, 에너지는 빛의 형태로 나타날 수 있습니다. 전구는 빛의 인공적인 원천의 한 종류입니다.

빛은 매우 빠릅니다. 여러분이 전구를 켜자마자 방은 밝아집니다. 전혀 시간이 걸리지 않습니다. 게다가, 햇빛이 지구에 도달하는 데는 8분밖에 걸리지 않습니다. 빛의 속도는 움직이는 그 어떤 것 중에서 가장 빠릅니다.

| Vocabulary 해석 |

• matter 물질: ⓝ 덩어리이며 공간을 차지하는 것 • energy 에너지: ⓝ 열을 내거나 기계를 작동시키기 위해 사용되는 힘 • particle 입자: ⓝ 어떤 것의 아주 작은 조각 • strike 치다, 부딪히다: ⓥ 치다 또는 갑자기 접촉하다 • bounce 튀다: ⓥ 튀어 오르다 • reflection 반사: ⓝ 표면으로부터 빛이나 음파가 되돌아오는 것 • turn on 켜다: 스위치를 올려서 작동하게 하다 • artificial 인공적인: ⓐ 인간에 의해 생산된

| 사진 해석 |

electric light bulb 전기 전구　burner flame 가열 기구의 불꽃

| Grammar Quiz: 접속사: when, as soon as |

문장 ①과 ②에서 when이나 as soon as가 이끄는 부분을 찾으세요.

① when light from a source strikes them and bounces off toward our eyes

② as soon as you turn on a light bulb

| 배경지식 확인하기 | p. 59

1. 태양은 열과 빛을 뿜어냅니다. [light]
2. 태양은 다른 별들보다 훨씬 더 크고 더 밝아 보입니다. [brighter]
3. 토마스 에디슨은 오래 지속되는 전구를 포함해 천 개가 넘는 발명품을 만들었습니다. [long-lasting]

| 문제 정답 및 해석 | p. 62

Comprehension Checkup

A 가장 알맞은 답을 고르세요.

1. 본문은 주로 무엇에 관한 글인가요? [c]
   a. 우리가 물체를 보는 이유
   b. 태양이 없는 삶
   c. 빛과 관련한 다양한 사실들
   d. 전구가 어떻게 발명되었는가

2. 지구의 가장 중요한 빛의 원천은 무엇인가요? [b]
   a. 별　b. 태양
   c. 전구　d. 뜨거운 가열 기구

3. 빛의 빠른 속도에 대한 두 가지 예시는 무엇인가요? (정답 두 개를 고르세요.) [a, b]
   a. 햇빛이 지구에 도달하는 데는 8분밖에 걸리지 않습니다.
   b. 전구가 켜지자마자 방은 밝아집니다.

c. 가열 기구가 켜지면, 어떤 에너지가 발산됩니다.
d. 빛은 모래와 같이 아주 작은 입자의 형태로 움직입니다.

4. 빛의 원천에 대한 어떤 진술이 사실이 아닌가요? [b]
a. 별은 빛의 원천입니다.
b. 인공적인 빛의 원천은 없습니다.
c. 뜨거운 물체도 빛의 원천일 수 있습니다.
d. 스스로 빛을 만들어내는 물체는 빛의 원천입니다.

추론 유형

5. 문장 ①의 적절한 예시는 무엇인가요? [d]
a. 어떤 물체는 빛을 반사할 수 없습니다.
b. 빛은 작은 모래 조각을 통해 가장 빠르게 움직입니다.
c. 태양으로부터의 빛이 반사될 때 그림자가 만들어집니다.
d. 우리가 달을 볼 때, 태양에서부터 나온 빛의 반사를 보게 됩니다.

쓰기 유형

B 알맞은 단어를 써 넣어 문장을 완성하세요.

6. 우리는 어떤 원천에서 나오는 빛이 물체에 부딪혀 우리 눈을 향해 튕겨나갈 때만 물체를 보게 됩니다. [strikes them, bounces off]

Vocabulary & Grammar

A 알맞은 단어를 골라 빈칸을 채우세요.

1. 전구는 빛의 인공적인 원천의 한 예입니다. [artificial]
2. 빛은 에너지의 한 형태이지만, 물질은 아닙니다. [matter]
3. 뜨거운 가열 기구가 켜지면, 에너지가 빛의 형태로 발산될 수 있습니다. [turned on]
4. 원천으로부터 나온 빛은 물체에 부딪힐 수 있습니다. [strike]
5. 어떤 물체에 반사되는 에너지가 빛입니다. [energy]
6. 빛은 우리 눈을 향해 튕겨나갑니다. [bounces]

B 접속사 when과 as soon as의 알맞은 위치를 고르세요.

여러분이 전구를 켜자마자 방은 밝아집니다.
/ 접속사 when, as soon as

when은 '~할 때', as soon as는 '~하자마자'라는 의미의 종속 접속사로 주어와 동사가 갖춰진 절을 이끕니다.

1. 뜨거운 가열 기구가 켜지면, 에너지가 빛의 형태로 발산될 수 있습니다. [①]
2. 우리는 어떤 원천에서 나오는 빛이 물체에 부딪혀 우리 눈을 향해 튕겨나갈 때만 물체를 보게 됩니다. [②]
3. 빛이 물체에 부딪혀 튕겨나갈 때, 우리는 그것을 반사라고 부릅니다. [①]
4. 태양이 뜨자마자, 우리는 태양으로부터 나온 빛의 반사를 봅니다. [①]
5. 무지개는 빛이 작은 물방울을 통과할 때 형성됩니다. [②]

Organization & Summary

A 빈칸을 채워 표를 완성하세요.

핵심 주제와 세부 사항 〈핵심 주제: 빛의 특징〉

세부 사항 1: 에너지의 형태
- 물질이 아님 1. matter
- 아주 작은 입자의 형태로 움직임 2. tiny
- 우리는 원천에서 나오는 빛이 물체에 부딪혀 우리 눈을 향해 튕겨나갈 때만 물체를 보게 됩니다. 3. strikes

세부 사항 2: 빛의 원천
- 태양
- 별 4. stars
- 뜨거운 물체들
- 전구 같은 인공적인 원천 5. artificial

세부 사항 3: 빛의 가장 빠른 속도 6. Speed
- 햇빛이 지구에 도달하는 데는 8분밖에 걸리지 않습니다.

B 빈칸을 채워 요약문을 완성하세요.

빛은 어떤 물체에 반사된 에너지의 한 형태입니다. 우리는 어떤 원천에서 나오는 빛이 물체에 부딪혀 우리 눈을 향해 튕겨나갈 때만 물체를 보게 됩니다. 빛의 원천은 스스로 빛을 만들어내는 물질입니다. 태양은 지구의 가장 중요한 빛의 원천입니다. 뜨거운 버너와 같은 몇몇 물질도 빛의 원천이 될 수 있습니다. 햇빛이 지구에 도달하는 데는 8분밖에 걸리지 않습니다. 빛의 속도는 움직이는 그 어떤 것 중에서 가장 빠릅니다.

❶ energy ❷ bounces off ❸ source
❹ materials ❺ reach ❻ fastest

UNIT 9 The Mighty River: The Nile

| 본문 해석 | 웅장한 강: 나일 강 p.70

사람들은 나일 강이 이집트의 웅장한 강이라고 말합니다. 나일 강은 세계에서 가장 긴 강입니다. 나일 강의 길이는 6,000킬로미터가 넘습니다. 하지만 더 많은 이야기가 있습니다.
이집트에서 나일 강은 사막지대에 비옥하고 푸른 골짜기를 만들어냈습니다. 이 비옥한 땅은 세계에서 가장 오래된 문명이 발생하는 것을 가능하게 했습니다. 대피라미드와 스핑크스를 건설하기 위해서는 수백만 명의 노동자가 필요했습니다. 수백만 명의 노동자들을 누가 먹여 살릴 수 있었을까요? 바로 나일 강과 그것이 만들어 낸 비옥한 땅이었습니다.
나일 강은 또한 고대 이집트인들의 교역을 도왔습니다. 나일 강은 아프리카를 통과해 지중해로 흘러갑니다. 나일 강은 내륙에서 바다로 여행할 수 있는 가장 빠르고 쉬운 방법이었습니다. 나일 강을 통해 교역함으로써, 고대 이집트는 고대 세계에서 가장 강력한 제국이 되었습니다.
오늘날까지도 나일 강의 담수는 아프리카 전체에 매우 중요합니다. 나일 강은 여전히 농장에 물을 공급해줍니다. 나일 강은 또한 많은 식물들과 동물들의 서식지입니다. 나일 강이 없었다면 그 근처 지역에서 아무것도 살아남지 못했을 겁니다. 이러한 점이 사람들이 나일 강을 웅장한 강이라고 말하는 이유입니다.

| Vocabulary 해석 |

• mighty 웅장한: ⓐ 대단한 힘, 기운, 강렬함을 가지고 있거나 보여주는 • create 창조하다: ⓥ (무언가를) 만들거나 유발하거나 되다 • fertile 비옥한: ⓐ 재생산이 가능한 • valley 골짜기, 계곡: ⓝ 언덕이나 산들 사이의 낮은 지역 • civilization 문명: ⓝ 사회 발달의 선진적 단계인 사회 • trade 무역, 교역: ⓝ 상업적 교류 • empire 제국: ⓝ 황제나 황후에 의해 통치되는 지역 • ancient 고대의: ⓐ 매우 오래된

| Grammar Quiz: 최상급 형용사 (the+-est) |

문장 ①과 ②에서 최상급 형용사를 찾으세요.

① the longest ② the oldest

| 배경지식 확인하기 | p.69

1. 고대 이집트에서는 매년, 나일 강의 북쪽은 둑으로 흘러 넘쳤습니다. [flooded]
2. 고대 이집트의 모든 것은 나일 강의 범람에 달려있었습니다. [depended]
3. 그 물은 수 마일에 이르는 강둑에 비옥하고 촉촉한 토양을 남겼습니다. [rich]

| 문제 정답 및 해석 | p.72

Comprehension Checkup

A 가장 알맞은 답을 고르세요.

1. 본문은 주로 무엇에 관한 글인가요? [b]
   a. 고대의 무역
   b. 나일 강이 중요한 이유
   c. 대피라미드의 수수께끼
   d. 어떻게 고대 이집트가 강력한 제국이 되었나

2. 나일 강은 이집트에 무엇을 만들었나요? [c]
   a. 피라미드와 스핑크스
   b. 수백만 노동자들의 집
   c. 사막 지대의 비옥하고 푸른 협곡
   d. 지중해로 가는 육로

3. 고대 이집트는 어떻게 고대 시대에 가장 강력한 제국이 되었나요? [d]
   a. 농사를 통해 b. 피라미드 건설을 통해
   c. 신선한 물을 팔아서 d. 나일 강을 통한 교역으로

4. 나일 강은 여전히 아프리카 전역의 사람들을 어떻게 돕나요? (정답 두 개를 고르세요.) [a, c]
   a. 나일 강은 농장에 물을 공급해줍니다.
   b. 나일 강은 노동자들을 위해 많은 일자리를 만들어 줍니다.
   c. 나일 강은 많은 식물과 동물들의 서식지가 되어줍니다.
   d. 나일 강은 아프리카의 내륙 지방들을 바다와 연결해 줍니다.

추론 유형

5. 본문에서 고대에 관해 유추할 수 있는 것은 무엇인가요? [d]
   a. 나일 강을 따라 큰 전쟁들이 발발했습니다.
   b. 농업은 가장 유명한 사업들 중 하나였습니다.
   c. 지중해 주변에 문명이 세워졌습니다.
   d. 다른 나라와 교역을 하는 방법은 육로나 해로였습니다.

쓰기 유형

B 알맞은 단어를 써 넣어 문장을 완성하세요.

6. 나일 강이 없었다면 그 근처 지역에서 아무것도 살아남지 못했을 겁니다. [Without the Nile, survive]

Vocabulary & Grammar

A 알맞은 단어를 골라 빈칸을 채우세요.

1. 이 비옥한 땅은 세계에서 가장 오래된 문명이 발생하는 것을 가능하게 했습니다. [fertile]
2. 나일 강은 무역에 종사하는 고대 이집트의 사람들에게 도움을 주었습니다. [trade]
3. 나일 강은 고대 이집트가 가장 강력한 제국이 되도록 했습니다. [empire]
4. 이 웅장한 강은 나일 강이라고 불립니다. [mighty]
5. 나일 강은 사막 지대에 비옥한 푸른 골짜기를 만들어 냈습니다. [valley]
6. 수백만 명의 일꾼들이 대피라미드와 스핑크스를 만들었습니다. [created]

B 알맞은 단어를 골라 문장을 완성하세요.

나일 강은 세계에서 가장 긴 강입니다.
/ 최상급 형용사 (the+-est)

최상급 형용사는 형용사 앞에 the, 뒤에 '-est'를 붙이거나, 긴 음절의 형용사는 앞에 the most를 붙여 나타냅니다. 비교 대상의 범위는 'in+장소, 범위의 단수명사' 혹은 'of+복수명사'로 나타냅니다.

1. 이 비옥한 땅은 세계에서 가장 오래된 문명이 발생하는 것을 가능하게 했습니다. [the oldest]
2. 가장 큰 피라미드는 대피라미드라고 불립니다. [The biggest]
3. 대피라미드는 피라미드들 중에 가장 유명합니다. [the most famous]
4. 나일 강은 내륙 지역에서 바다로 여행할 수 있는 가장 빠르고 가장 쉬운 방법이었습니다. [the quickest, easiest]
5. 고대 이집트는 고대에서 가장 강력한 제국이 되었습니다. [in]

Organization & Summary

A 빈칸을 채워 표를 완성하세요.

원인과 결과

- 나일 강은 비옥하고 푸른 골짜기를 만들어냈습니다. → 가장 오래된 문명 중의 하나가 만들어졌습니다. 수백만 명의 노동자가 음식을 얻었습니다. 1. fertile 2. workers
- 나일 강은 고대 이집트인들의 교역을 도왔습니다. → 고대 이집트는 고대에서 가장 강력한 제국이 되었습니다. 3. helped 4. powerful
- 나일 강은 해당 지역에 담수를 제공해 줍니다. → 농장은 물을 얻을 수 있습니다. 많은 식물과 동물들이 서식지를 갖습니다. 5. fresh water 6. Farms

B 빈칸을 채워 요약문을 완성하세요.

나일 강은 사막지대에 비옥하고 푸른 골짜기를 만들어냈습니다. 이 비옥한 땅은 세계에서 가장 오래된 문명 중 하나가 발생하는 것을 가능하게 했습니다. 나일 강은 아프리카를 통과해 지중해로 흘러갑니다. 나일 강은 또한 고대 이집트인들의 교역을 도왔습니다. 교역으로 인해 고대 이집트는 고대 세계에서 가장 강력한 제국이 되었습니다. 오늘날까지, 나일 강은 여전히 농장에 물을 공급해줍니다. 나일 강은 많은 식물들과 동물들의 서식지입니다. 이것이 사람들이 나일 강을 웅장한 강이라고 말하는 이유입니다.

❶ valley ❷ possible ❸ trade
❹ empire ❺ water ❻ mighty

UNIT 10 The Statue of Liberty

| 본문 해석 | 자유의 여신상 p.76

프랑스와 미국은 특별한 과거를 공유합니다. 미국은 1776년에 영국의 왕으로부터 독립을 선언했습니다. 곧 프랑스 사람들 역시 그들의 왕으로부터 독립을 선언했습니다.

프랑스는 미국과의 우정을 기억하고 싶었습니다. 프랑스 사람들은 자유의 여신상을 만들어서 상자에 담아 미국으로 수송하였습니다. 그것은 영국 왕으로부터의 독립 선언을 축하하기 위한 선물이었습니다.

자유의 여신상은 로마 신화에 등장하는 자유의 여신입니다. 자유의 여신은 오른손에 이성의 빛을 밝히는 횃불을 들고 있습니다. 또한 왼손에는 법전을 들고 있습니다. 그 법전에는 미국이 독립한 날인 '1776년 7월 4일'이 새겨져 있습니다.

자유의 여신상은 뉴욕 항구에 서 있습니다. 1886년에 처음으로 일반 방문객들에게 개방된 이래로 자유의 여신상은 미국의 상징이 되었습니다. 배를 통해 미국으로 들어오는 이민자들은 자유의 여신상의 환영을 받았습니다. 오늘날에도 많은 사람들이 매년 자유의 여신상을 방문합니다. 자유의 여신상은 미국에서 중요한 자유의 상징입니다.

| Vocabulary 해석 |

• declare 선언하다: ⓥ 공식적으로나 공개적으로 말하거나 발표하다 • liberty 자유: ⓝ 정치적인 독립 • celebrate 축하하다, 기념하다: ⓥ 중요한 행사를 위해서 어떤 특별하거나 즐거운 것을 하다 • independence 독립: ⓝ 외부의 통제나 지원으로부터의 자유 • statue 동상: ⓝ 사람이나 동물을 나타내는 조각 • torch 횃불: ⓝ 주로 손으로 운반되는 빛 • symbol 상징: ⓝ 사상을 나타내는 것 • immigrant 이민자: ⓝ 자신이 태어나지 않은 나라에 정착하기 위해서 오는 사람

| Grammar Quiz: to부정사 (to+동사원형) |

문장 ①과 ②에서 to부정사를 찾으세요.

① to remember ② to celebrate

| 배경지식 확인하기 | p.75

1. 1776년, 미국에 있는 영국의 식민지 주민들은 매우 중요한 조치를 취했습니다. [colonists]
2. 1776년 7월 4일, 많은 미국의 지도자들은 독립선언문에 서명했습니다. [signed]
3. 독립선언문에 의하면 모든 사람은 평등하게 태어났습니다. [equal]

| 문제 정답 및 해석 | p.78

Comprehension Checkup

A 가장 알맞은 답을 고르세요.

1. 본문은 주로 무엇에 관한 글인가요? [d]
   a. 누가 로마의 여신이었는가
   b. 프랑스와 미국이 친구인 이유
   c. 자유의 여신상이 오른손에 횃불을 들고 있는 이유
   d. 자유의 여신상이 어떻게 미국의 상징이 되었는가

2. 1776년에 미국에서는 어떤 일이 있었나요? [c]
   a. 미국은 이민자들을 환영했습니다.
   b. 미국은 자유의 여신상을 건설했습니다.
   c. 미국은 독립을 선언했습니다.
   d. 미국은 자유의 여신상을 받았습니다.

3. 왜 프랑스는 미국에게 자유의 여신상을 주었나요? [c]
   a. 그것을 미국의 선진 기술과 교환하려고 했습니다.
   b. 미국에게 그들의 뛰어난 조각상을 보여주고 싶었습니다.
   c. 미국과의 우정을 기억하고 싶었습니다.
   d. 영국의 왕으로부터의 자국의 독립을 축하했습니다.

4. 자유의 여신상에 대한 어떤 진술이 사실이 아닌가요? [a]
   a. 그것은 독립을 나타내는 로마의 여신입니다.
   b. 그것은 1886년에 처음으로 일반 방문객들에게 개방되었습니다.

c. 그것의 오른손에 있는 횃불은 이성의 빛을 밝혀줍니다.
d. 그것의 왼손에 있는 법전에는 미국이 독립한 날짜가 새겨져 있습니다.

추론 유형

5. 자유의 여신상이 뉴욕 항구에 서 있는 이유는 ________. [c]
 a. 프랑스로부터 그것이 도착한 위치가 바로 그곳이기 때문입니다
 b. 프랑스가 그것을 그 위치에 세우고 싶어했기 때문입니다
 c. 미국이 자국의 상징을 통해 이민자들에게 영향을 주고 싶어 했기 때문입니다
 d. 그 장소가 미국에서 가장 유명한 관광 명소 중 하나이기 때문입니다

쓰기 유형

B 알맞은 단어를 써 넣어 문장을 완성하세요.

6. 자유의 여신상은 미국에서 중요한 자유의 상징입니다. [an important symbol of freedom]

Vocabulary & Grammar

A 알맞은 단어를 골라 빈칸을 채우세요.

1. 자유의 여신상의 오른손에는 이성의 빛을 밝히는 횃불이 있습니다. [torch]
2. 배를 타고 미국에 간 이민자들은 자유의 여신상의 환영을 받았습니다. [Immigrants]
3. 1776년에 미국인들은 영국의 왕으로부터 독립을 선언했습니다. [declared]
4. 자유의 여신상은 미국에서 자유의 상징입니다. [symbol]
5. 그 법전에는 미국이 독립한 날인 '1776년 7월 4일'이 새겨져 있습니다. [independence]
6. 그 동상은 1886년에 처음으로 일반 방문객들에게 개방되었습니다. [statue]

B 밑줄 친 to가 부정사이면 I를 쓰고, 전치사이면 P를 쓰세요.

프랑스는 미국과의 우정을 기억하고 싶었습니다. / to부정사(to+V)

to부정사는 'to+동사원형'의 형태이며 '~하는 것'으로 해석되는 명사적 용법, '~하는'으로 해석되는 형용사적 용법, '~하기 위해'로 해석되는 부사적 용법으로 쓰입니다.

1. 프랑스인들은 자유의 여신상을 만들어서 상자에 담아 미국으로 수송했습니다. [P]
2. 그것은 영국 왕으로부터의 독립 선언을 축하하기 위한 선물이었습니다. [I]
3. 자유의 여신상은 오른손에 이성의 빛을 밝히는 횃불을 들고 있습니다. [I]
4. 자유의 여신상은 1886년에 처음으로 일반 방문객들에게 개방되었습니다. [P]
5. 배를 통해 미국으로 들어오는 이민자들은 자유의 여신상의 환영을 받았습니다. [P]

Organization & Summary

A 빈칸을 채워 표를 완성하세요.

핵심 주제와 세부 사항 〈핵심 주제: 자유의 여신상의 특징〉

세부 사항 1: 역사적 배경
- 프랑스가 미국에 주는 선물 1. gift
- 우정을 기억하기 위해서, 영국 왕으로부터의 독립 선언을 축하하기 위해서 2. declaration

세부 사항 2: 모습
- 로마 신화에 등장하는 자유의 여신 3. goddess
- 오른손에 있는 횃불 = 이성의 빛 4. reason
- 왼손에 있는 법전

세부 사항 3: 자유의 상징 5. Freedom
- 뉴욕 항구에 서 있음
- 이민자들이 자유의 여신상의 환영을 받았습니다. 6. Immigrants
- 많은 사람들이 자유의 여신상을 방문합니다.

B 빈칸을 채워 요약문을 완성하세요.

미국과 프랑스의 사람들은 그들의 왕으로부터 독립을 선언했습니다. 프랑스는 미국과의 우정을 기억하고 싶었습니다. 그래서 프랑스 사람들은 자유의 여신상을 만들어서 미국으로 수송하였습니다. 자유의 여신은 오른손에 횃불을 들고 있고, 왼손에는 법전을 들고 있습니다. 그 법전에는 미국이 독립한 날이 새겨져 있습니다. 자유의 여신은 뉴욕 항구에 서 있습니다. 배를 타고 미국으로 들어온 이민자들은 자유의 여신상의 환영을 받았습니다.

❶ independence ❷ friendship ❸ torch
❹ carved ❺ stands ❻ greeted

UNIT 11 Abraham Lincoln

| 본문 해석 | 에이브러햄 링컨 p. 82

에이브러햄 링컨은 미국의 제16대 대통령이었습니다. 그의 가족은 가난했기에 그는 거의 독학을 했습니다. 그러나 그는 변호사와 정치인이 되었습니다. 그리고 결국에는 1860년에 그는 대통령으로 당선되었습니다.

링컨이 대통령이었던 동안, 미국은 북과 남으로 나뉘었습니다. 북쪽은 자유와 그것을 보장할 헌법을 원했습니다. 그러나 남쪽은 노예제도를 원했습니다. 노예제도는 자유가 없음을 의미했습니다. 이러한 갈등에 의해 남북전쟁이 발발했습니다.

남북전쟁 동안 링컨은 많은 연설을 했습니다. 그의 유명한 연설은 게티즈버그 연설이라 불립니다. 그것은 인간이 생존하기 위해 자유가 어떻게 필요한지에 대한 짧은 연설이었습니다.

1863년 1월 1일, 링컨은 노예 해방 선언에 서명했습니다. 이것은 미국 국민에게 자유를 약속했습니다. 이것은 노예들에게도 자유를 주었습니다. 1865년에 전쟁이 끝나면서 노예제도는 폐지되었습니다. 그리고 결국 두 진영은 재결합했습니다.

사람들은 링컨이 미국의 가장 위대한 대통령 중 한 명이었다고 말합니다. 여러분은 이유가 무엇인지 아나요? 그는 미국을 분열로부터 지켜냈고 사람들에게 자유를 부여한 헌법을 지켜냈기 때문입니다.

| Vocabulary 해석 |

• self-educated 독학한: ⓐ 정규 교육 대신에 스스로의 노력으로 교육받은 • constitution 헌법: ⓝ 정부의 근본적인 정치적 원칙을 결정하는 법 • guarantee 보장하다: ⓥ 특히 어떤 조건이 충족될 것이라고 공식적인 보증을 제공하다 • slavery 노예제도: ⓝ 노예를 소유하는 행위 • break out 발발하다: 갑자기 시작하다 • conflict 갈등: ⓝ 다툼 또는 불일치 • abolish 폐지하다: ⓥ 공식적으로 끝내거나 멈추다 • reunite 재결합하다: ⓥ 하나의 국가로 다시 결합하다

| 사진 해석 |

the Battle by Thure de Thulstrup 투르 디 툴스트럽의 '전투'

| Grammar Quiz: 동사 give |

문장 ①과 ②에서 동사와 목적어를 찾으세요.

① gave, many speeches ② gave, freedom

| 배경지식 확인하기 | p. 81

1. 미국의 많은 주에서는 노예제도를 허용하는 법이 있었습니다. [laws]
2. 많은 노예들이 자유나 임금 없이 일을 해야 했습니다. [pay]
3. 에이브러햄 링컨을 포함한 미국 북부 지역의 많은 사람들이 노예제도에 반대했습니다. [slavery]

| 문제 정답 및 해석 | p. 84

Comprehension Checkup

A 가장 알맞은 답을 고르세요.

1. 본문은 주로 무엇에 관한 글인가요? [a]
   - a. 훌륭한 대통령으로서의 에이브러햄 링컨
   - b. 에이브러햄 링컨의 힘든 삶
   - c. 어떻게 남북 전쟁이 발발하고 끝났는가
   - d. 미국 노예제도의 역사

2. 에이브러햄 링컨은 대통령이 되기 전에 무엇을 했나요? [b]
   - a. 그는 군인이었습니다.
   - b. 그는 변호사였습니다.
   - c. 그는 연설가였습니다.
   - d. 그는 선생님이었습니다.

3. 남북전쟁에 대한 어떤 진술이 사실이 아닌가요? [a]
  a. 1863년에 발발해 1865년에 끝났습니다.
  b. 남북전쟁이 끝난 후에 북부와 남부는 재결합했습니다.
  c. 북부는 노예의 자유를 원했지만, 남부는 원하지 않았습니다.
  d. 북부와 남부의 갈등 때문에 시작되었습니다.

4. 링컨은 게티즈버그 연설을 통해 무엇을 전달하고 싶었나요? [d]
  a. 가난한 사람이 어떻게 고통받는지
  b. 왜 남북전쟁을 멈춰야 하는지
  c. 새로운 헌법이 보장하는 것
  d. 인간이 생존하기 위해 자유가 어떻게 필요한가

추론 유형

5. 본문에서 유추할 수 있는 것은 무엇인가요? [d]
  a. 링컨은 북부에서 나고 자랐습니다.
  b. 게티즈버그 연설은 남북전쟁을 종결시켰습니다.
  c. 남북전쟁 후에 노예들이 새로운 직업을 찾는 것은 어려웠습니다.
  d. 노예 해방 선언이 실현되기까지는 수년이 걸렸습니다.

쓰기 유형

B 알맞은 단어를 써 넣어 문장을 완성하세요.

6. 에이브러햄 링컨은 미국을 분열로부터 지켜냈고 사람들에게 자유를 부여한 헌법을 지켜냈습니다.
  [being divided, gave freedom]

Vocabulary & Grammar

A 알맞은 단어를 골라 빈칸을 채우세요.

1. 북부와 남부의 갈등이 남북전쟁의 원인이었습니다. [Conflicts]
2. 북부는 자유와 그것을 보장할 헌법을 원했습니다. [Constitution]
3. 결국, 두 진영은 재결합했습니다. [reunited]
4. 1865년에 전쟁이 끝나면서 노예제도는 폐지되었습니다. [abolished]
5. 에이브러햄 링컨은 가족이 가난했기에 거의 독학을 했습니다. [self-educated]
6. 남북전쟁은 언제 일어났나요? [break out]

B 의미가 같도록 빈칸을 채우세요.

이것은 노예들에게도 자유를 주었습니다.
/ give+목적어1+to 목적어2 = give+목적어2+목적어1

동사 give는 'A에게 B를 주다'라는 의미입니다. 3형식 문장인 'give+B+to A' 구조로 쓸 수 있고, 4형식 문장인 'give+B+A' 구조로도 쓸 수 있습니다.

1. 링컨은 대중들에게 많은 연설을 했습니다. [many speeches]
2. 게티즈버그 연설은 북부 지역에 큰 지지를 주었습니다. [the North]
3. 헌법은 사람들에게 자유를 주었습니다. [freedom]

Organization & Summary

A 문장들을 순서대로 배열하세요.

순서 **〈미국에서 노예제도가 어떻게 폐지되었나〉**

- 미국이 북부와 남부로 나누어졌습니다. [1]
- 링컨은 게티즈버그 연설과 같은 많은 연설들을 했습니다. [3]
- 남북전쟁이 마침내 끝나면서 노예제도가 폐지되었습니다. [5]
- 링컨은 미국 국민에게 자유를 약속한 노예 해방 선언에 서명했습니다. [4]
- 남북전쟁이 발발했습니다. [2]

B 빈칸을 채워 요약문을 완성하세요.

링컨이 대통령이었던 동안, 미국은 북과 남으로 나뉘었습니다. 북부에서는 노예제도가 종식되길 원했지만, 남부에서는 원하지 않았습니다. 남북전쟁이 발발했습니다. 링컨은 대중들에게 많은 연설을 했습니다. 그는 노예 해방 선언에 서명했습니다. 노예제도는 1865년에 전쟁이 끝나면서 폐지되었습니다. 그리고 두 진영은 결국 재결합했습니다. 링컨은 미국을 분열로부터 지켜냈고 헌법을 지켜냈습니다. 사람들은 링컨을 미국의 가장 위대한 대통령 중 한 명이었다고 말합니다.

❶ divided ❷ slavery ❸ gave
❹ abolished ❺ Constitution ❻ presidents

UNIT 12 Helen Keller

| 본문 해석 | 헬렌 켈러 p. 88

보거나 들을 수 없는 아이가 있었습니다. 그러나 그녀는 유명한 작가가 되었습니다. 그녀는 많은 연설을 했으며 도움이 필요한 사람들을 위해 기금을 모았습니다. 그녀의 이름은 헬렌 켈러입니다.

헬렌은 생후 18개월이 되었을 때 보거나 들을 수 없게 되었습니다. 일곱 살이 될 때까지 헬렌의 삶은 매우 힘들었습니다. 그녀의 부모는 앤 설리번이라는 이름의 가정교사를 고용했습니다.

며칠 만에 앤은 헬렌에게 쓰는 방법을 가르쳤습니다. 앤은 헬렌의 손 위에 물을 부었습니다. 그러고 나서 헬렌의 손바닥에 손가락으로 W-A-T-E-R라고 썼습니다. 그녀는 헬렌에게 돌을 주었고 헬렌의 손바닥에 R-O-C-K라고 썼습니다. 이런 방법으로 헬렌은 물건들을 만짐으로써 읽고 쓰는 방법을 배웠습니다.

앤은 그녀에게 점자를 가르쳤습니다. 점자는 앞을 못 보는 사람들이 글을 읽을 수 있는 특별한 방법입니다. 헬렌은 빨리 배웠습니다. 곧 헬렌은 세상에 대해서 배웠습니다. 그녀는 11살 때 'The Frost King(서리 왕)'이라는 제목의 이야기를 썼습니다. 그녀는 대학에서도 공부했습니다.

헬렌은 장애가 그녀의 목표를 성취하는 것을 막지 못하게 했습니다. 헬렌은 우리가 포기하지 않는 한 꿈을 이룰 수 있다는 것을 가르쳐주었습니다.

| Vocabulary 해석 |

• author 작가: ⓝ 책, 기사, 문서를 쓰는 사람 • blind 눈이 먼(시각 장애의): ⓐ 볼 수 없는 • deaf 귀가 먹은(청각 장애의): ⓐ 들을 수 없는 • tutor 가정 교사: ⓝ 개인 교사 • pour 붓다: ⓥ 일정한 흐름으로 빠르게 흐르다 • university 대학교: ⓝ 학생들이 학위를 따기 위해 공부하는 고등 교육 기관 • disability 장애: ⓝ 육체적이나 정신적으로 불리한 점 • give up 포기하다: 시도를 멈추다

| Grammar Quiz: 관계대명사 who |

문장 ①과 ②에서 who가 나타내는 것을 찾으세요.

① a young child ② people

| 배경지식 확인하기 | p. 87

1. 신체 부위는 보통 쌍으로 되어 있습니다. [in pairs]
2. 이는 여러분의 신체 부위가 손상되더라도 여분이 있다는 것을 의미합니다. [damaged]
3. 12살에 토마스 에디슨은 성홍열을 앓고 귀가 들리지 않게 되었습니다. [suffered]

| 문제 정답 및 해석 | p. 90

Comprehension Checkup

A 가장 알맞은 답을 고르세요.

1. 본문은 주로 무엇에 관한 글인가요? [a]
   a. 헬렌 켈러가 어떻게 목표를 달성했는가
   b. 헬렌 켈러가 쓴 첫 이야기
   c. 어떻게 하면 앤 설리번같은 좋은 가정교사가 될 수 있는가
   d. 헬렌 켈러가 가난한 사람들을 위해 모금을 한 이유

2. 헬렌 켈러가 가진 장애는 무엇이었나요? [b]
   a. 포기할 수 없었습니다. b. 보거나 들을 수 없었습니다.
   c. 걷거나 말할 수 없었습니다. d. 읽거나 쓸 수 없었습니다.

3. 점자란 무엇인가요? [b]
   a. 그것은 헬렌 켈러가 학교에서 공부한 것입니다.
   b. 그것은 앞을 못 보는 사람들이 글을 읽을 수 있는 특별한 방법입니다.
   c. 그것은 헬렌 켈러가 쓴 이야기의 제목입니다.
   d. 그것은 헬렌 켈러가 쓰는 것을 배운 첫 글자입니다.

4. 앤 설리번에 대한 어떤 진술이 사실이 아닌가요? [b]
   a. 그녀는 헬렌 켈러에게 읽고 쓰는 법을 가르쳤습니다.
   b. 그녀는 헬렌 켈러에게 대학에 가라고 조언했습니다.
   c. 그녀는 헬렌 켈러가 일곱 살이었을 때 가정교사가 되었습니다.
   d. 헬렌 켈러는 앤 설리번 선생님 없이는 꿈을 이룰 수 없었습니다.

의도 파악 유형

5. 저자가 세 번째 문단에서 물과 돌을 언급하는 이유는 무엇인가요? [b]
   a. 헬렌 켈러가 가진 장애를 설명하기 위해서
   b. 앤 설리번의 뛰어난 교수법의 예시를 들기 위해서
   c. 헬렌 켈러와 앤 설리번 모두 민감하다는 것을 보여주기 위해서
   d. 헬렌 켈러를 가르치는 앤 설리번의 어려움을 강조하기 위해서

쓰기 유형

B 알맞은 단어를 써 넣어 문장을 완성하세요.

6. 헬렌은 장애가 그녀의 목표를 성취하는 것을 막지 못하게 했습니다. [let her disabilities stop]

Vocabulary & Grammar

A 알맞은 단어를 골라 빈칸을 채우세요.

1. 헬렌은 부모에게서 앤 설리번이라는 가정교사를 소개받았습니다. [tutor]
2. 헬렌 켈러는 포기하지 않았고 목표를 달성했습니다. [give up]
3. 그녀는 장애가 그녀의 꿈을 실현하는 것을 막지 못하게 했습니다. [disabilities]
4. 그녀는 생후 18개월에 보거나 들을 수 없게 되었습니다. [deaf]
5. 헬렌 켈러는 대학에서도 공부했습니다. [university]
6. 앤 설리번은 쓰는 법을 가르치기 위해서 헬렌의 손에 물을 부었습니다. [poured]

B 관계대명사 who의 알맞은 위치를 고르세요.

보거나 들을 수 없는 아이가 있었습니다. / 관계대명사 who

선행사는 관계대명사 who가 이끄는 관계절에서 주어 역할을 합니다. 이때, who의 선행사는 사람만 가능합니다. 관계절의 동사는 선행사의 수에 일치시킵니다.

1. 그녀는 많은 연설을 했으며 도움이 필요한 사람들을 위해 기금을 모았습니다. [②]
2. 헬렌은 생후 18개월이 되었을 때 앞을 볼 수 없는 시각장애인이 되었습니다. [①]
3. 헬렌은 특별한 교수법을 가진 가정 교사에게 소개되었습니다. [③]
4. 앤 설리번은 헬렌 켈러에게 읽고 쓰는 법을 가르친 사람이었습니다. [②]
5. 'The Frost King(서리 왕)'을 쓴 사람은 헬렌 켈러입니다. [②]

Organization & Summary

A 문장들을 순서대로 배열하세요.

순서 〈헬렌 켈러의 생애〉

- 헬렌켈러는 생후 18개월이 되었을 때 보거나 들을 수 없게 되었습니다. [1]
- 그녀는 대학에서 공부했습니다. [6]
- 앤 설리번이 헬렌에게 점자를 가르쳐 주었습니다. [4]
- 그녀의 부모님이 앤 설리번이라는 가정 교사를 고용했습니다. [2]
- 그녀는 11살 때 'The Frost King(서리 왕)'이라는 이야기를 썼습니다. [5]
- 앤 설리번은 헬렌에게 물건을 만짐으로써 읽고 쓰는 법을 가르치기 시작했습니다. [3]
- 그녀는 많은 연설을 했으며 도움이 필요한 사람들을 위해 기금을 모았습니다. [7]

B 빈칸을 채워 요약문을 완성하세요.

헬렌은 생후 18개월이 되었을 때 보거나 들을 수 없게 되었습니다. 헬렌이 7살이었을 때, 그녀의 부모는 앤 설리번이라는 가정 교사를 고용했습니다. 며칠 만에, 앤은 헬렌에게 물건을 만짐으로써 읽고 쓰는 방법을 가르쳤습니다. 그리고 앤은 헬렌에게 점자를 가르쳤습니다. 헬렌이 11살이었을 때, 이야기를 썼습니다. 후에 헬렌은 많은 연설을 했으며 도움이 필요한 사람들을 위해 기금을 모았습니다. 헬렌은 장애가 그녀의 목표를 성취하는 것을 막지 못하게 했습니다.

❶ deaf ❷ hired ❸ touching
❹ Braille ❺ raised ❻ disabilities

Social Studies

UNIT 13 The First Thanksgiving

| 본문 해석 | 첫 추수감사절 p.96

1620년에 100명의 사람들이 '메이플라워'라고 불리는 배를 타고 새로운 땅에 도착했습니다. 그들은 영국을 떠났던 청교도들이었습니다. 제임스 왕이 그들이 자신의 종교를 믿는 것을 허락하지 않았기 때문에, 그들은 고국을 떠났습니다.

그들은 이 새로운 땅을 뉴잉글랜드라고 불렀습니다. 그러나 그들의 삶은 힘들고 고단했습니다. 겨울은 고국의 겨울보다 더 길고 더 매섭고 더 추웠습니다. 겨울이 길어지면서 겨우 50명만이 살아남았습니다.

이듬해 봄에 청교도들은 몇 명의 북미 원주민들을 만났습니다. 그들은 청교도들에게 어떻게 농작물과 채소를 심는지 가르쳐 주었습니다. 그들은 또한 청교도들에게 어떻게 낚시를 하고 사냥을 하는지 보여주었습니다. 청교도들은 그들이 배웠던 대로 심고 사냥하기 시작했습니다.

마침내, 곡물을 수확할 시기가 되었습니다. 이제 청교도들은 추운 겨울 동안 먹을 수 있는 충분한 식량을 갖게 되었습니다. 그들은 수확을 기념하고자 축제를 열기로 결정하였습니다. 그들은 자신들에게 새로운 땅에서 살아남는 방법을 가르쳐준 왐파노아그족을 초대했습니다.

이 축제는 이후 에이브러햄 링컨 대통령에 의해 첫 '추수감사절'이라고 불리게 되었습니다. 1863년에 그는 11월 네 번째 목요일을 공식적인 추수감사절로 지정했습니다.

| Vocabulary 해석 |

• allow 허락하다: ⓥ 동의하다, 허가하다 • practice (종교를) 실행하다: ⓥ 종교적인 믿음을 따르다 • homeland 고국: ⓝ 한 사람이 태어난 나라 • drag on 길어지다: 연장된 시간 동안 계속 진행하다 • plant 심다: ⓥ 씨나 묘목이 자라도록 땅에 두거나 묻다 • harvest 수확하다: ⓥ (농작물을) 모으다 • feast 잔치: ⓝ 잘 차려지고 매우 즐겁게 먹을 수 있는 음식 • adopt 채택하다: ⓥ 선택하고 따르다

| Grammar Quiz: 목적어 두 개를 갖는 동사: call, teach, show |

문장 ①과 ②에서 목적어 두 개를 찾으세요.

① the new land, New England ② the Pilgrims, how to fish and hunt

| 배경지식 확인하기 | p.95

1. 순례자들은 영국에서 미국으로 이동한 한 무리의 사람들입니다. [traveled]
2. 순례자들은 영국 교회와의 종교적 차이 때문에 영국을 떠났습니다. [religious]
3. 순례자들은 플리머스라 불리는 식민지를 건설했습니다. [built]

| 문제 정답 및 해석 | p.98

Comprehension Checkup

A 가장 알맞은 답을 고르세요.

1. 본문은 주로 무엇에 관한 글인가요? [d]
   a. 메이플라워호가 무엇이었나
   b. 북미 원주민들이 살았던 방식
   c. 청교도들이 영국을 떠난 이유
   d. 추수감사절은 어떻게 시작되었나

2. 본문에서 언급되지 않은 것은 무엇인가요? [d]
   a. 청교도들이 고향을 떠난 이유
   b. 새로운 땅에서 청교도들이 가졌던 어려움
   c. 일부 북미 원주민들이 청교도들에게 알려준 것
   d. 뉴잉글랜드에서 잘 자라는 농작물과 채소

3. 왐파노아그족에 대한 어떤 진술이 사실인가요? [b]
   a. 그들은 환영하기 위해 청교도들을 초대했습니다.
   b. 그들은 새로운 땅에서 청교도들이 살아남을 수 있도록 도와주었습니다.
   c. 그들은 북미 원주민으로부터 낚시를 하고 사냥을 하는 법을 배웠습니다.
   d. 그들은 청교도들에게 겨울동안 먹을 충분한 식량을 주었습니다.

4. 다섯 번째 단락에 따르면 에이브러햄 링컨은 무엇을 했나요? (정답 두 개를 고르세요.) [a, b]

a. 그는 공식적으로 추수감사절을 지정했습니다.
b. 그는 수확 축제를 첫 추수감사절이라고 불렀습니다.
c. 그는 북미 원주민들의 농업 기술을 체계화했습니다.
d. 그는 청교도들이 새로운 땅에서 낚시를 하고 사냥을 하는 것을 허용했습니다.

의도 파악 유형

5. 저자는 왜 두 번째 문단에서 50명 만이 살아남았다는 것을 언급하나요? [a]
a. 겨울이 청교도들에게 얼마나 가혹했는지를 강조하기 위해서
b. 청교도들이 경작과 사냥을 시작한 이유를 설명하기 위해서
c. 제임스 왕이 청교도들을 영국에서 쫓아냈다는 것을 증명하기 위해서
d. 얼마나 많은 청교도들이 고국을 떠났는지 자세히 알려주기 위해서

쓰기 유형

B 알맞은 단어를 써 넣어 문장을 완성하세요.

6. 첫 추수감사절은 청교도들이 수확을 기념하는 축제를 열기 시작하면서 시작되었습니다. [a feast to celebrate]

Vocabulary & Grammar

A 알맞은 단어를 골라 빈칸을 채우세요.

1. 새로운 땅에서의 겨울은 고국에서보다 더 길고 더 매섭고 더 추웠습니다. [homeland]
2. 그들은 자신의 종교를 믿기 위해 미국에 갔습니다. [practice]
3. 겨울이 길어지면서 겨우 50명만이 살아남았습니다. [dragged on]
4. 청교도들은 북미 원주민들로부터 어떻게 농작물과 채소를 심는지 배웠습니다. [plant]
5. 청교도들은 수확을 기념하기 위해 축제를 열었습니다. [feast]
6. 제임스 왕은 청교도들이 그들의 종교를 믿는 것을 허락하지 않았습니다. [allow]

B 첫 번째 목적어에 동그라미하고 두 번째 목적어에 밑줄을 그으세요.

그들은 새로운 땅을 뉴잉글랜드라고 불렀습니다.
/ 목적어 두 개를 갖는 동사 → 동사+목적어1+목적어2

동사 call, teach, show는 목적어 2개를 갖는 동사로, 동사 바로 뒤에 나오는 목적어 1은 간접목적어(~에게), 목적어 1뒤에 나오는 목적어 2는 직접목적어(~을, 를)입니다.

1. 그들은 청교도들에게 어떻게 농작물과 채소를 심는지 알려주었습니다.
[the Pilgrims, how to plant crops and vegetables]
2. 그들은 청교도들에게 어떻게 낚시를 하고 사냥을 하는지 보여주었습니다. [the Pilgrims, how to fish and hunt]
3. 에이브러햄 링컨은 이 축제를 첫 '추수감사절'이라고 불렀습니다. [this feast, the first *Thanksgiving*]
4. 청교도들은 그들의 배를 '메이플라워'라고 불렀습니다.
[their ship, the *Mayflower*]
5. 그들은 새로운 땅을 뉴잉글랜드라고 불렀습니다.
[the new land, New England]

Organization & Summary

A 빈칸을 채워 표를 완성하세요.

원인과 결과

- 제임스 왕은 청교도들이 그들이 자신의 종교를 믿는 것을 허락하지 않았습니다. → 청교도들은 그들의 고국을 떠났습니다.
  1. religion 2. homeland
- 새로운 땅에서의 겨울은 영국에서보다 더 길고 더 매섭고 더 추웠습니다. → 단 50명만이 살아남았습니다. 3. bitter
- 일부 북미 원주민들이 청교도들에게 어떻게 경작하고 낚시하고 사냥하는지 가르쳐 주었습니다. → 청교도들은 겨울 동안 먹을 충분한 식량을 갖게 되었습니다. 4. enough
- 청교도들은 수확을 기념하기 위해 축제를 열었습니다. → 그 축제는 나중에 첫 '추수감사절'이라 불렸습니다.
  5. harvest 6. Thanksgiving

B 빈칸을 채워 요약문을 완성하세요.

제임스 왕이 청교도들이 그들의 종교를 믿는 것을 허락하지 않았기 때문에, 청교도들은 영국을 떠났고 1620년에 새로운 땅에 도착했습니다. 매서운 겨울이 길어지면서 겨우 50명만이 살아남았습니다. 이듬해 봄, 일부 북미 원주민들은 청교도들에게 어떻게 경작하고 낚시를 하고 사냥을 하는지 가르쳐 주었습니다. 청교도들은 추운 겨울 동안 먹을 수 있는 충분한 식량을 갖게 되었습니다. 청교도들은 수확을 기념하고자 축제를 벌이기로 결정하였습니다. 그리고 그들은 북미 원주민들을 초대했습니다.

❶ allow ❷ survived ❸ taught
❹ food ❺ feast ❻ invited

UNIT 14 The Wild West

| 본문 해석 | 서부 개척 p.102

1820년에 수천 명의 사람들이 미시시피 강 서쪽으로 이주했습니다. 이 시기는 서부 개척이라고 불립니다. 일부 사람들은 종교적 자유를 희망했고, 반면 어떤 사람들은 금이나 은을 발견하길 기대했습니다. 그런가 하면 다른 사람들은 값싼 땅을 찾아 떠났습니다. 그들은 마차 행렬에 올라 먼 거리를 여행했습니다. 그들이 찾고 있던 한가지 공통점은 더 나은 삶이었습니다.

이 시기에 많은 갈등도 있었습니다. 이주 이전에 서부 지역은 북미 원주민이 점령했습니다. 이 땅으로 이주해 간 사람들은 그 땅을 자신들의 것이라 주장했습니다. 많은 북미 원주민들은 자신들의 집에서 쫓겨났습니다. 많은 북미 원주민, 새 이주민, 군인들이 서로 싸우다 죽었습니다.

이러한 이주는 1840년대에 절정에 이르렀습니다. 캘리포니아 광산에서 금이 발견되었습니다. 곧 많은 사람들이 부를 찾아 도착했습니다. 이러한 이주는 캘리포니아 골드러시라고 알려졌습니다.

미국 서부 개척은 굉장히 험난한 시기였습니다. 그것은 영웅, 모험, 발견의 시기이기도 했습니다. 미국 서부 개척의 역사는 너무나 극적이어서 미국 문화의 일부가 되었습니다.

| Vocabulary 해석 |

• religious 종교의: ⓐ 종교와 관련된 • discover 발견하다: ⓥ 어떤 사람이나 무언가를 찾다 • distance 거리: ⓝ 두 물건이나 두 위치 사이의 공간이 얼마나 먼가 • claim 주장하다: ⓥ (어떤 것이) 자신의 것이라고 하거나 자신이 받을 만하다고 말하다 • peak 절정: ⓝ 번영과 생산성이 최고조에 다른 시점 • seek 추구하다: ⓥ 갖거나 도달하려고 노력하다 • hardship 어려움(고난): ⓝ 아픔과 고통 • dramatic 극적인: ⓐ 사람들의 감정에 영향을 많이 주는

| 사진 해석 |

U.S. Cavalry Pursuing American Indians by unknown '인디언들을 쫓는 미국 기갑부대' (작자 미상) gold mine 금광

| Grammar Quiz: 전치사: in, as |

문장 ①과 ②에서 전치사를 찾으세요.

① in ② as

| 배경지식 확인하기 | p.101

1. 북미는 세 번째로 큰 대륙입니다. [continent]
2. 캐나다는 북미에서 가장 큰 나라입니다. [the largest]
3. 미국은 북미의 중심부에 있습니다. [central]

| 문제 정답 및 해석 | p.104

Comprehension Checkup

A 가장 알맞은 답을 고르세요.

1. 본문은 주로 무엇에 관한 글인가요? [c]
   a. 사람들이 금을 찾던 시기 b. 캘리포니아의 날씨
   c. 서부 개척 시기 d. 사람들이 1800년대에 싸웠던 이유

2. 1820년에 서부 지역으로 사람들이 이주한 이유가 아닌 것은 무엇인가요? [d]
   a. 값싼 땅을 찾아서
   b. 금이나 은을 발견하기 위해서
   c. 종교적 자유를 찾아서
   d. 북미 원주민들이 고향을 떠나게 하기 위해서

3. 서부 개척 시기에 많은 갈등이 있었던 이유는 무엇인가요? [c]
   a. 군인들이 땅을 두고 싸우다 죽었기 때문에
   b. 새 이주민들이 강제로 그들의 집으로 이동해야 했기 때문에

c. 북미 원주민들과 새 이주민들 모두 자신들의 땅이라고 주장했기 때문에
d. 북미 원주민들이 캘리포니아의 광산을 자신들의 것이라고 주장했기 때문에

4. 많은 사람들이 부를 찾아 캘리포니아에 가게 했던 사건은 무엇이라 불리나요? [b]
a. 서부 개척 b. 캘리포니아 골드러시
c. 영웅들의 모험 d. 캘리포니아의 금 광산

추론 유형

5. 본문에서 유추할 수 있는 것은 무엇인가요? [c]
a. 북미 원주민들은 그들의 고국을 지키는 것을 실패했습니다.
b. 군인들은 북미 원주민들이 새 이주민들과 싸우는 것을 도와주었습니다.
c. 서부 개척 이전의 서부 지역은 개발되지 않은 상태였습니다.
d. 캘리포니아 땅으로 이주해 간 대부분의 사람들은 부자가 되었습니다.

쓰기 유형

B 알맞은 단어를 써 넣어 문장을 완성하세요.

6. 미국의 서부 개척은 고난, 영웅, 모험, 발견의 시기였습니다.
[hardship, heroes, adventures, discoveries]

Vocabulary & Grammar

A 알맞은 단어를 골라 빈칸을 채우세요.

1. 1840년대에 서부 개척은 절정에 이르렀습니다. [peak]
2. 북미 원주민들의 땅으로 이주해 간 사람들은 그 땅이 자신들의 것이라 주장했습니다. [claimed]
3. 캘리포니아의 광산에서 금이 발견되었습니다. [discovered]
4. 사람들은 먼 거리를 여행하기 위해서 마차 행렬을 이용했습니다. [distances]
5. 미국 서부 개척은 너무나 극적이어서 미국 문화의 일부가 되었습니다. [dramatic]
6. 많은 사람들이 부를 찾아 캘리포니아로 떠났습니다. [seek]

B 알맞은 단어를 골라 문장을 완성하세요.

그들은 마차 행렬에 올라 먼 거리를 여행했습니다.
/ 전치사 in, as

전치사 in은 '(공간)~에, (기간)~에'의 의미이며, 전치사 as는 '~처럼, ~로서'의 의미를 갖습니다.

1. 이 땅으로 이주해 간 사람들은 그 땅을 자신들의 것이라 주장했습니다. [as]
2. 이 시기에 많은 갈등도 있었습니다. [In]
3. 이러한 이주는 1840년대에 정점에 이르렀습니다. [in]
4. 캘리포니아의 광산에서 금이 발견되었습니다. [in]
5. 이러한 이주는 캘리포니아 골드러시로 알려졌습니다. [as]

Organization & Summary

A 빈칸을 채워 표를 완성하세요.

핵심 주제와 세부 사항 〈핵심 주제 : 서부 개척, 고난의 시기〉

세부 사항 1: 서부 지역으로의 이동
- 종교적 자유를 찾아서 1. religious
- 금이나 은을 발견하기 위해서
- 값싼 땅을 찾아서

세부 사항 2: 많은 갈등
- 새 이주민들이 그 땅을 자기들의 것이라 주장했습니다. 2. claimed
- 북미 원주민들은 자신들의 집에서 쫓겨났습니다. 3. forced

세부 사항 3: 캘리포니아 골드러시 4. Rush
- 캘리포니아의 광산에서 금이 발견되었습니다. 5. mine
- 많은 사람들이 부를 찾아 이곳에 도착했습니다. 6. fortunes

B 빈칸을 채워 요약문을 완성하세요.

1820년에 많은 사람들이 더 나은 삶을 찾아 미시시피 강 서쪽으로 이주했습니다. 이 시기를 서부 개척이라고 합니다. 새 이주민들은 북미 원주민들의 땅을 자신들의 것이라 주장했습니다. 많은 갈등이 있었고, 많은 북미 원주민들, 새 이주민들, 군인들이 서로 싸우다 죽었습니다. 1840년에 캘리포니아 광산에서 금이 발견되었습니다. 곧 많은 사람들이 부를 찾아 도착했습니다. 이 이주는 캘리포니아 골드러시라고 알려졌습니다.

❶ better ❷ period ❸ conflicts
❹ died ❺ seek ❻ migration

UNIT 15 Good Citizens

| 본문 해석 | 선량한 시민 p.108

세상에는 200개 이상의 국가가 있습니다. 그리고 그 모든 나라에는 서로 다른 시민들이 있습니다. 그러나 시민들이 그들의 삶을 더 좋게 만들기 위한 공통적인 규칙이 있습니다.

시민은 법을 준수하고 세금을 내야 합니다. 세금이란 사람들이 정부에 내는 돈입니다. 세금은 정부에 의해서 제공되는 학교, 도로, 다른 (필요한) 것들을 위해 쓰입니다. 투표 또한 시민의 매우 중요한 의무입니다. 시민은 투표를 통해 그들을 가장 잘 대표할 사람을 선택해야 합니다.

여러분은 아직 투표하거나 세금을 내지는 못합니다. 여러분은 아직 너무 어립니다. 그러나 여러분은 좋은 시민이 될 수 있습니다. 쓰레기를 길거리에 버리지 마세요. 대신 휴지통에 넣으세요. 교통 신호를 지키세요. 신호등이 빨간불일 때는 도로를 건너지 마세요. 다른 사람에게 친절하고 다정하세요. 사람들을 언제나 존중으로 대하세요. 그것은 당신이 사람들에게 무례한 말을 해서는 안된다는 것을 의미합니다. 무엇보다도 여러분이 속해 있는 지역 사회의 규칙을 지키세요.

좋은 시민이 되는 것은 우리와 우리의 지역 사회에 매우 중요합니다. 그것은 우리나라와 지역 사회를 더 안전하고 더 강력하게 만든다는 의미입니다.

| Vocabulary 해석 |

• citizen 시민: ⓝ 특정한 나라에 사는 사람 • common 공통의: ⓐ 많은 사람들이 따르는 • tax 세금: ⓝ 정부의 지원을 위한 시민의 재산이나 활동에 부과되는 비용 • government 정부: ⓝ 나라를 통제하는 데 사용되는 특정한 시스템 • responsibility 의무, 책임: ⓝ 당신이 꼭 해야 하거나 할 것으로 기대되는 의무나 일 • represent 대표하다: ⓥ (어떤 사람이나 무언가를 위해) 공식적으로 행동하거나 발표하다 • treat 대하다: ⓥ 특정한 방법으로 교류하다 • community 지역 사회: ⓝ 같은 지역에 사는 사람들의 집단

| Grammar Quiz: 의무를 나타내는 조동사 |

문장 ①과 ②에서 조동사를 찾으세요.

① have to ② should not

| 배경지식 확인하기 | p.107

1. 지역 사회는 사람들이 같은 환경을 공유하는 곳입니다. [share]

2. 도시 지역은 도시와 그것을 둘러싼 장소들을 말합니다. [a city]

3. 시골 지역은 대개 농지로 이루어져 있습니다. [farmland]

| 문제 정답 및 해석 | p.110

Comprehension Checkup

A 가장 알맞은 답을 고르세요.

1. 본문은 주로 무엇에 관한 글인가요? [b]

a. 투표의 역사

b. 시민들을 위한 공통적인 규칙

c. 세금을 내야 하는 다양한 이유

d. 다양한 지역 사회의 시민들을 위한 다양한 규칙들

2. 시민들은 그들을 대표할 사람을 어떻게 선택하나요? [a]

a. 투표를 통해서

b. 규칙을 준수함으로써

c. 정부에 세금을 냄으로써

d. 그들의 지역 사회를 더 강력하게 만듦으로써

3. 왜 여러분은 아직 세금을 낼 수 없나요? [b]

a. 나이가 너무 많아서

b. 나이가 너무 어려서

c. 아직 시민이 아니라서

d. 돈이 하나도 없어서

4. 선량한 시민이 되기 위한 방법이 아닌 것은 무엇인가요? [b]
   a. 길거리에 쓰레기를 버리지 마세요.
   b. 사람들에게 친절하고 무례한 말을 하세요.
   c. 신호등이 녹색불일 때 길을 건너세요.
   d. 여러분이 속해 있는 지역 사회의 규칙을 지키세요.

추론 유형

5. 두 번째 문단에서 세금에 관해 유추할 수 있는 것은 무엇인가요?
   a. 법을 준수하는 시민은 어떠한 세금도 내지 않습니다. [d]
   b. 정부는 시민이 세금을 내도록 강요해서는 안됩니다.
   c. 세금을 내는 시민만이 투표할 책임을 가질 수 있습니다.
   d. 지역 사회 안에 있는 공공 시설은 시민이 내는 세금으로 유지됩니다.

쓰기 유형

B 알맞은 단어를 써 넣어 문장을 완성하세요.

6. 선량한 시민이 되는 것은 우리나라와 지역 사회를 더 안전하고 더 강력하게 만듭니다. [Being a good citizen]

Vocabulary & Grammar

A 알맞은 단어를 골라 빈칸을 채우세요.

1. 시민은 그들의 삶을 더 좋게 만들기 위해 세금을 내야 합니다. [taxes]
2. 여러분은 항상 사람들을 존중으로 대해야 합니다. [treat]
3. 세금은 여러분의 부모님이 정부에 내는 돈입니다. [government]
4. 시민으로서 투표는 매우 중요한 의무입니다. [responsibility]
5. 공통적인 규칙을 따르는 것은 여러분의 지역 사회를 더 강력하게 만듭니다. [community]
6. 선량한 시민이 되는 것은 우리와 우리의 지역 사회에 매우 중요합니다. [citizen]

B 알맞은 단어를 골라 문장을 완성하세요.

시민은 법을 준수하고 세금을 내야 합니다.
/ 의무를 나타내는 조동사

조동사는 동사 앞에서 '의무, 추측, 제안' 등의 다양한 의미를 보조하는 역할을 합니다. 조동사 뒤에 오는 동사는 반드시 동사원형의 형태여야 합니다. have to, should는 '~해야만 한다'라는 의미를 가지며, '~하면 안된다'는 부정의 의미를 나타낼 때에는 should not으로 씁니다. don't have to는 '~할 필요가 없다'라는 의미임에 유의합니다.

1. 시민은 투표를 통해 그들을 가장 잘 대표할 사람을 선택해야 합니다. [have to]
2. 여러분은 신호등이 빨간불일 때는 도로를 건너면 안됩니다. [should not]
3. 여러분은 쓰레기는 쓰레기통에 버려야 합니다. [have to]
4. 여러분은 다른 사람들에게 친절하고 다정해야 합니다. [should]
5. 여러분은 사람들에게 무례한 말을 하면 안됩니다. [should]

Organization & Summary

A 빈칸을 채워 표를 완성하세요.

열거하기 〈선량한 시민이 되는 방법〉

1. 법을 준수하세요. [Obey]
2. 정부가 제공하는 학교, 도로, 다른 것들을 위해 세금을 내세요. [government]
3. 여러분을 가장 잘 대표할 사람을 선택하기 위해 투표하세요. [represent]
4. 교통 신호를 지키세요. [signs]
5. 다른 사람들에게 다정하고 존중으로 사람들을 대하세요. [treat]
6. 여러분이 속해 있는 지역 사회의 규칙을 따르세요. [belong]

B 빈칸을 채워 요약문을 완성하세요.

시민들이 그들의 삶을 더 좋게 만들기 위한 공통적인 규칙이 있습니다. 시민은 법을 준수하고 세금을 내야 합니다. 세금은 정부에 의해서 제공되는 학교, 도로, 다른 것들을 위해 쓰입니다. 시민은 선거를 통해 그들을 가장 잘 대표할 사람을 선택해야 합니다. 쓰레기를 길거리에 버리지 마세요. 교통 신호를 지키세요. 사람들을 언제나 존중으로 대하세요. 여러분이 속해 있는 지역 사회의 규칙을 지키세요. 그것이 우리나라와 여러분의 지역 사회를 더 안전하고 더 강력하게 만들 수 있습니다.

❶ rules ❷ law ❸ voting
❹ trash ❺ respect ❻ safer

UNIT 16 Chinese New Year

| 본문 해석 | 중국의 설날 p. 114

중국의 설날은 중국에서 가장 중요한 명절입니다. 새해 첫날과는 달리 그것(중국의 설날)은 1월이나 2월에 있습니다.

이 명절은 설 전날 밤부터 시작됩니다. 가족들은 풍성한 저녁 식사를 합니다. 그들은 그리운 조상들을 위해 저녁 식탁에 별도의 공간을 마련합니다. 설 전날 밤 자정에 사람들은 문과 창문을 열어 놓습니다. 이는 묵은 해를 나가게 하고 새해를 환영하는 것입니다. 그들은 또한 폭죽을 터트리는데, 이 폭죽은 펑펑 큰소리가 납니다.

설날에는 중국의 모든 지역마다 큰 축제가 열립니다. 사람들은 긴 용 의상을 갖춰 입고 거리에서 춤을 춥니다. 붉은색의 옷을 입은 아이들이 그 춤을 보며 즐거워합니다. 모든 가정에서는 어른들이 아이들에게 붉은 봉투에 돈을 넣어서 줍니다. 중국인들은 붉은색이 행운을 가져다 준다고 믿습니다. 중국의 설날은 연등 축제로 끝이 납니다. 사람들은 등을 만들어서 밤에 자신들의 집 현관문에 달아 놓습니다.

새해는 2주 동안 기념됩니다. 사람들은 긴 겨울이 끝나는 것과 봄이 시작되는 것을 축하합니다. 그래서 중국의 설날은 춘절(봄 축제)이라고도 알려져 있습니다.

| Vocabulary 해석 |

• holiday 공휴일, 명절: ⓝ 휴식 또는 즐거움을 위해 일을 쉬는 시간 • extra 여분의: ⓐ 필요 이상의 • ancestor 조상: ⓝ 한 사람의 유래가 되는 누군가 • set off 터뜨리다: 폭발하게 하다 • firecracker 폭죽: ⓝ 종이로 만들어진 작은 용기로 안에는 화약이 들어 있고 퓨즈로 점화되는 것 • costume 의상: ⓝ 연극이나 화려한 드레스 무도회에서 입는 옷 • envelope 봉투: ⓝ 편지나 얇은 꾸러미를 담는 납작한 용기 • luck 행운: ⓝ 기회로 어떤 사람에게 일어날 수 있는 것

| Grammar Quiz: 접속사: *and, or* |

문장 ①과 ②에서 접속사와 그것이 연결하는 것을 찾으세요.

① or / January, February ② and / make lanterns, hang them on their front doors

| 배경지식 확인하기 | p. 113

1. 아시아는 지구상에서 가장 큰 대륙입니다. [continent]
2. 아시아는 세계에서 가장 높은 산과 가장 긴 강을 몇개 갖고 있습니다. [mountains]
3. 아시아는 지중해, 흑해 등으로 둘러싸여 있습니다. [surrounded]

| 문제 정답 및 해석 | p. 116

Comprehension Checkup

A 가장 알맞은 답을 고르세요.

1. 본문은 주로 무엇에 관한 글인가요? [c]
   - a. 중국의 다양한 축제들
   - b. 중국인들의 독특한 전통
   - c. 중국인들이 설날을 기념하는 방법
   - d. 중국의 설날과 새해 첫날의 차이점

2. 중국인들이 설 전날 밤에 하지 않는 것은 무엇인가요? [b]
   - a. 그들은 폭죽을 터트립니다.
   - b. 그들은 집 현관문에 등을 달아 놓습니다.
   - c. 그들은 조상들을 위해 저녁 식탁에 별도의 공간을 마련합니다.
   - d. 그들은 문과 창문을 열어 새해를 환영합니다.

3. 왜 어른들은 아이들에게 붉은 봉투에 돈을 넣어서 주나요? [b]
   - a. 중국 아이들이 붉은색을 가장 좋아하기 때문에
   - b. 중국인들은 붉은색이 행운을 가져다 준다고 믿기 때문에
   - c. 아이들이 설날에 붉은 옷을 입기 때문에
   - d. 중국인들은 붉은색이 그들의 조상을 상징한다고 생각하기 때문에

4. 중국의 설날이 춘절이라고도 알려진 이유는 무엇인가요? [c]
   a. 중국의 설날은 2월이 아닌 3월이기 때문에
   b. 중국인들이 폭죽을 터트리고 등을 만들기 때문에
   c. 중국인들이 봄의 시작도 축하하기 때문에
   d. 중국의 설날은 2주가 넘도록 기념되기 때문에

추론 유형

5. 본문에서 유추할 수 있는 것은 무엇인가요? [d]
   a. 중국인들은 용이 행운을 가져다 준다고 믿습니다.
   b. 중국의 설날은 세계에서 가장 긴 명절입니다.
   c. 중국에서 문은 집에서 가장 중요한 부분입니다.
   d. 중국의 설날은 중국의 특징과 전통을 잘 보여줍니다.

쓰기 유형

B 알맞은 단어를 써 넣어 문장을 완성하세요.

6. 중국의 설날은 중국에서 가장 중요한 명절입니다. 그것은 새해와 봄의 시작을 기념합니다. [celebrates the beginning of]

Vocabulary & Grammar

A 알맞은 단어를 골라 빈칸을 채우세요.

1. 중국인들은 붉은색이 행운을 가져다 준다고 믿습니다. [luck]
2. 그들은 또한 큰 소리를 내는 폭죽을 터트립니다. [set off]
3. 사람들은 설날에 긴 용 의상을 갖춰 입습니다. [costumes]
4. 중국의 설날은 중국에서 가장 큰 명절입니다. [holiday]
5. 아이들은 어른들에게서 붉은색 봉투에 들어 있는 돈을 받습니다. [envelopes]
6. 중국인들은 그리운 조상들을 위해 저녁 식탁에 별도의 공간을 마련합니다. [extra]

B 알맞은 단어를 골라 문장을 완성하세요.

새해 첫날과는 달리, 그것(중국의 설날)은 1월이나 2월에 있습니다. / 접속사: and, or

접속사 and와 or은 등위접속사로, 단어와 단어 또는 절과 절, 문장과 문장을 대등하게 연결합니다. and나 or로 연결된 부분은 수나 형태가 대등해야 함에 유의합니다.

1. 설 전날 밤 자정에 사람들은 문과 창문을 열어 놓습니다. [windows]
2. 이는 묵은 해를 나가게 하고 새해를 환영하는 것입니다. [welcomes]
3. 사람들은 긴 용 의상을 갖춰 입고 거리에서 춤을 춥니다. [dance]
4. 사람들은 등을 만들어서 밤에 자신들의 집 현관문에 달아 놓습니다. [hang]
5. 사람들은 긴 겨울이 끝나는 것과 봄이 시작되는 것을 축하합니다. [the beginning of]

Organization & Summary

A 빈칸을 채워 표를 완성하세요.

핵심 주제와 세부 사항

〈핵심 주제 : 중국인들이 설날을 기념하는 방법〉

세부 사항 1: 설 전날 밤 1. Eve
- 조상들을 위해 저녁 식탁에 별도의 공간을 마련함 2. ancestors
- 문과 창문을 열어 묵은 해를 나가게 함
- 폭죽을 터트림

세부 사항 2: 설날
- 긴 용 의상을 갖춰 입고 춤을 춤
- 어른들이 아이들에게 붉은 봉투에 돈을 넣어서 줍니다. 3. money
- 등을 만들어서 달아 놓음 4. lanterns

세부 사항 3: 춘절 5. Spring
- 긴 겨울이 끝나는 것과 봄이 시작되는 것을 축하함 6. beginning

B 빈칸을 채워 요약문을 완성하세요.

중국의 설날은 중국에서 가장 중요한 명절입니다. 설 전날 밤에 가족들은 풍성한 저녁 식사를 합니다. 자정에 사람들은 문과 창문을 열어 묵은 해를 나가게 하고 새해를 환영합니다. 그들은 폭죽도 터트립니다. 새해 첫날 사람들은 긴 용 의상을 갖춰 입고 거리에서 춤을 춥니다. 어른들은 아이들에게 붉은 봉투에 돈을 넣어서 줍니다. 사람들은 긴 겨울이 끝나는 것과 봄이 시작되는 것을 축하합니다.

❶ holiday ❷ welcome ❸ firecrackers
❹ dragon ❺ envelopes ❻ ending

UNIT 17 The Magic Pot

| 본문 해석 | 마법의 솥 p.124

옛날에 '마녀 할멈'이라고 불리는 할머니가 살았습니다. 할머니는 마법의 약을 만들 수 있었습니다. 할머니는 집안일에 도움이 필요했습니다. 그래서 빅 앤서니라는 조카가 할머니와 지내기 위해 왔습니다.

어느 날, 빅 앤서니는 마녀 할멈이 파스타 냄비에 주문을 거는 것을 들었습니다. 할머니는 "끓어라, 끓어라, 나의 파스타가 담긴 요술냄비야!"라고 노래를 부르면서 파스타 한 솥을 끓였습니다. 곧 솥은 먹음직스런 파스타로 가득 찼습니다. 빅 앤서니는 너무 놀란 나머지 마녀 할멈이 파스타가 만들어지는 것을 멈추게 하기 위해 냄비에 세 번 키스하는 것을 알아차리지 못했습니다.

마녀 할멈이 식료품 가게에 갔을 때, 빅 앤서니는 솥으로 달려가서 마녀 할멈의 주문을 반복했습니다. 곧 냄비는 파스타를 더 만들어내기 시작했습니다. (빅 앤서니는 기뻐서 펄쩍 뛰었습니다.) 그러나 빅 앤서니는 뭔가 심각하게 잘못되었다는 것을 느꼈습니다. 솥이 파스타 만드는 것을 멈추지 않았습니다. 마녀 할멈의 솥은 파스타로 넘쳐났습니다. 곧 집 전체에 파스타가 흘렀습니다. 빅 앤서니는 어떻게 그것을 멈추게 하는지 몰랐습니다.

마녀 할멈이 집으로 돌아왔을 때, 그녀는 무슨 일이 일어났는지 보았습니다. 그녀는 소동을 멈췄습니다. 빅 앤서니는 마녀 할멈에게 용서해달라고 애원했습니다. 마녀 할멈은 그를 용서하면서 말했습니다. "네가 만든 파스타를 몽땅 먹어 치워라!"

| Vocabulary 해석 |

• potion 물약, 묘약: ⓝ 약 성분, 마법 성분 혹은 독이 들어있는 음료 • chore 허드렛일: ⓝ 규칙적으로 해야 하는 소소한 일들 • boil 끓이다: ⓥ 끓는 물에 (무언가를) 요리하다 • tempting 구미가 당기는: ⓐ 매우 마음이 끌리는 • repeat 반복하다: ⓥ 다시 말하거나 따라하다 • overflow 넘치다: ⓥ 흐르거나 넘쳐 흐르다 • beg 애원하다: ⓥ 겸손하게 혹은 정직하게 부탁하다 • forgive 용서하다: ⓥ 비난하는 것을 멈추거나 용서해 주다

| Grammar Quiz: 지각동사 |

문장 ①과 ②에서 동사와 목적어를 찾으세요.

① heard, Grandma Witch singing a spell over her pasta pot ② felt, that something was seriously wrong

| 배경지식 확인하기 | p.123

1. 한번은 농부가 거위의 둥지에 가서 알을 발견했습니다. [goose]
2. 그는 많은 돈을 받고 황금 알을 팔았습니다. [sold]
3. 부자가 되면서, 그는 탐욕스러워졌습니다. [greedy]

| 문제 정답 및 해석 | p.126

Comprehension Checkup

A 가장 알맞은 답을 고르세요.

1. 이 이야기에 가장 잘 어울리는 속담은 무엇인가요? [d]
   - a. 백문이 불여일견
   - b. 우물 안 개구리
   - c. 사공이 많으면 배가 산으로 간다.
   - d. 선무당이 사람 잡는다.

2. 이야기에서 언급되지 않은 것은 무엇인가요? [a]
   - a. 파스타 솥이 얼마나 컸는지
   - b. 주문을 건 후에 무슨 일이 일어났는지
   - c. 마녀 할멈이 냄비에 걸었던 주문
   - d. 빅 앤서니가 왜 마녀 할멈에게 왔는지

3. 빅 앤서니가 주문을 반복한 후에 어떤 일이 일어났나요? [d]
   - a. 빅 앤서니의 주문은 효과가 없었습니다.
   - b. 주문이 틀렸기 때문에 빅 앤서니는 화가 났습니다.
   - c. 솥이 먹음직스런 파스타로 가득 차서 빅 앤서니는 매우 놀라웠습니다.
   - d. 솥이 파스타로 넘쳐났으나 빅 앤서니는 그것을 어떻게 멈춰야 할지 몰랐습니다.

4. 마녀 할멈은 소동을 멈추기 위해 무엇을 했나요? [a]
   a. 냄비에 세 번 키스를 했습니다.
   b. 냄비에 세 개의 거품을 불어넣었습니다.
   c. 파스타 솥에 또 다른 주문을 걸었습니다.
   d. 빅 앤서니가 파스타를 먹어치우게 했습니다.

문장 삽입 유형

5. 다음 문장이 들어가기에 알맞은 곳은 어디인가요? [d]

빅 앤서니는 기뻐서 펄쩍 뛰었습니다.

쓰기 유형

B 알맞은 단어를 써 넣어 문장을 완성하세요.

6. 빅 앤서니는 소동을 피운 것에 대해 마녀 할멈에게 용서해달라고 애원했습니다. 마녀 할멈은 그를 용서하면서 말했습니다. "네가 만든 파스타를 몽땅 먹어 치워라." [Eat up all the pasta]

Vocabulary & Grammar

A 알맞은 단어를 골라 빈칸을 채우세요.

1. 빅 앤서니는 마녀 할멈에게 용서해달라고 애원했습니다. [begged]
2. 빅 앤서니는 마녀 할멈의 주문을 반복했습니다. [repeated]
3. 마녀 할멈은 마법의 약을 만들 수 있었습니다. [potions]
4. 마녀 할멈은 주문을 걸면서 파스타 한 솥을 끓이고 있었습니다. [boiling]
5. 먹음직스런 파스타가 솥을 가득 채웠습니다. [Tempting]
6. 마녀 할멈의 솥은 파스타로 넘쳐났습니다. [overflowed]

B 알맞은 단어를 골라 문장을 완성하세요.

빅 앤서니는 마녀 할멈이 파스타 냄비에 주문을 거는 것을 들었습니다. / 지각동사

지각동사는 보고, 듣고, 냄새 맡고, 느끼는 감각을 나타내는 동사입니다. '지각동사+목적어+목적격 보어'의 구조로 문장을 만드는데, 목적격 보어로는 동사원형, 현재분사, 명사절이 올 수 있습니다. 현재분사가 쓰일 때는 진행의 의미가 강합니다.

1. 빅 앤서니는 마녀 할멈이 주문을 걸면서 파스타 한 솥을 끓이는 것을 보았습니다. [boiling]
2. 빅 앤서니는 마녀 할멈이 냄비에 세 번 키스하는 것을 알아차리지 못했습니다. [that]
3. 빅 앤서니는 뭔가 심각하게 잘못되었다는 것을 느꼈습니다. [that]
4. 빅 앤서니는 집 전체에 파스타가 흐르는 것을 보았습니다. [flowing]
5. 마녀 할멈이 집으로 돌아왔을 때, 그녀는 무슨 일이 일어났는지 보았습니다. [what]

Organization & Summary

A 문장을 순서대로 배열하세요.

순서 〈마법의 솥〉

- 마녀 할멈의 조카인 빅 앤서니가 집안일을 돕기 위해 그녀에게 왔습니다. [1]
- 마녀 할멈이 식료품 가게에 갔을 때, 빅 앤서니는 주문을 반복했습니다. [4]
- 마녀 할멈이 집으로 돌아와서 소동을 멈추었습니다. [7]
- 빅 앤서니는 마녀 할멈이 주문을 걸면서 파스타 한 솥을 끓이는 것을 보았습니다. [2]
- 그녀의 주문으로 냄비는 먹음직스런 파스타로 가득 찼습니다. [3]
- 빅 앤서니는 어떻게 냄비가 파스타를 만들어내는 것을 멈추게 하는지 몰랐습니다. [6]
- 빅 앤서니는 냄비가 파스타로 넘치는 것을 보며 기뻐서 펄쩍 뛰었습니다. [5]

B 빈칸을 채워 요약문을 완성하세요.

빅 앤서니는 집안일을 도와주기 위해 마녀 할멈에게 왔습니다. 빅 앤서니는 마녀 할멈이 파스타 냄비에 주문을 거는 것을 보았습니다. 곧 솥은 먹음직스런 파스타로 가득 찼습니다. 그러나 빅 앤서니는 마녀 할멈이 파스타를 만들어내는 것을 멈추게 하기 위해 냄비에 세 번 키스하는 것을 보지 못했습니다. 마녀 할멈이 밖에 나갔을 때, 빅 앤서니는 마녀 할멈의 주문을 반복했습니다. 곧 집 전체에 파스타가 흘렀습니다. 그러나 빅 앤서니는 어떻게 그것을 멈추게 하는지 몰랐습니다. 마녀 할멈은 소동을 멈췄습니다.

❶ chores ❷ spell ❸ tempting
❹ producing ❺ repeated ❻ fuss

UNIT 18 How Man Got Fire

| 본문 해석 | 어떻게 인간은 불을 얻게 되었나 p.130

아주 오래 전, 프로메테우스라는 이름의 신이 살았습니다. 그의 일은 동물을 만들어 내는 것이었습니다. 그는 인간을 만들어 냈고 인간에게 제우스의 불을 주었습니다.

불은 인간의 삶을 밝고 행복하게 만들어 주었습니다. 불로 인간은 요리를 할 수 있었고 자신을 안전하게 지킬 수 있었습니다. 인간은 매우 행복해서 노래를 불렀습니다. 프로메테우스는 인간을 매우 사랑했고 심지어 인간에게 예술과 과학에 대해 가르쳤습니다.

올림포스 산의 신, 제우스는 불이 인간을 행복하고 강력하게 만든다는 것을 보았습니다. 제우스는 인간이 자신처럼 강해지고 지혜로워 질까봐 걱정했습니다. 그래서 제우스는 인간에게서 불을 빼앗았습니다.

곧 인간은 나약해지고 어둠 속에서 떨게 되었습니다. 프로메테우스는 불을 인간에게 되돌려주자고 제우스에게 여러 차례 간청했습니다. 그러나 제우스는 결코 들으려 하지 않았습니다. 그래서 프로메테우스는 제우스의 번개에서 불꽃 하나를 훔쳤습니다. 식물의 속이 빈 가운데에 숨겨진 귀중한 불꽃을 들고 프로메테우스는 재빠르게 인간에게 돌아갔습니다.

제우스는 격노했습니다. 그는 인간의 집에서 밝게 타오르는 불을 보았습니다. 제우스는 프로메테우스가 자신에게서 불을 훔쳐갔다는 것을 알았습니다. 그는 프로메테우스를 산 옆에 쇠사슬로 묶어서 그곳에서 영원한 고통을 받으라고 명령했습니다.

| Vocabulary 해석 |

• adore 아끼며 예뻐하다: ⓥ 열렬히 사랑하다 • shiver 떨다: ⓥ 추위, 공포, 흥분 등 때문에 몸을 떨다 • spark 불꽃, 불똥: ⓝ 순간적으로 빛나는 불빛(섬광) • bolt (번쩍하는) 번개의 광선: ⓝ 번개의 한 줄기 • hollow (속이) 빈: ⓐ 공간, 틈, 또는 구멍이 있는 • furious 격노한: ⓐ 매우 화난 • suffer 고통받다: ⓥ 고통, 질병, 상처 등을 경험하다 • eternity 영원: ⓝ 끝이 없는 시간

| 사진 해석 |

Prometheus statue at Rockefeller Center 록펠러 센터에 있는 프로메테우스 동상

Prometheus by Theodoor Rombouts 테오도르 롬부츠의 '프로메테우스'

| Grammar Quiz: to부정사 |

문장 ①과 ②에서 to부정사를 찾으세요.

① to create ② to return

| 배경지식 확인하기 | p.129

1. 지구에서 발견되는 물질들은 천연자원이라고 불립니다. [Earth]
2. 사람들은 천연자원을 만들 수 없습니다. [make]
3. 우리는 천연자원을 모두 써버리지 않도록 주의해야 합니다. [use up]

| 문제 정답 및 해석 | p.132

Comprehension Checkup

A 가장 알맞은 답을 고르세요.

1. 본문은 주로 무엇에 관한 글인가요? [d]
   - a. 인간은 어떻게 강해지고 지혜로워졌나
   - b. 인간이 어떻게 제우스에게서 번개를 얻었나
   - c. 프로메테우스와 제우스 사이의 갈등
   - d. 프로메테우스가 인간에게 불을 주기 위해 무엇을 했나

2. 불은 인간에게 어떤 영향을 미쳤나요? (정답 두 개를 고르세요.) [a, b]
   - a. 인간은 밝고 행복해졌습니다.
   - b. 인간은 요리를 할 수 있게 되었고 자신을 안전하게 지킬 수 있게 되었습니다.
   - c. 인간은 나약해지고 어둠 속에서 떨게 되었습니다.
   - d. 인간은 예술과 과학 분야를 이해할 수 있게 되었습니다.

3. 제우스는 왜 인간에게서 불을 빼앗았나요? [b]
   - a. 제우스는 그의 번개에 사용할 불이 필요했습니다.
   - b. 제우스는 인간이 자신처럼 강해 질까봐 걱정했습니다.
   - c. 제우스는 프로메테우스가 인간에 관한 그의 일을 하지 않은 것에 몹시 화가 났습니다.

d. 제우스는 프로메테우스를 사랑했지만, 프로메테우스는 인간에게만 관심이 있었습니다.

4. 프로메테우스는 불을 훔친 죄로 어떻게 벌을 받았나요? [c]
a. 그는 불 속에서 살아야 했습니다.
b. 그는 불꽃을 제우스에게 돌려주어야 했습니다.
c. 그는 쇠사슬에 묶여 영원히 고통받았습니다
d. 그는 영원히 어둠 속에서 떨게 되었습니다.

추론 유형

5. 본문에서 유추할 수 있는 것은 무엇인가요? [a]
a. 제우스의 번개는 불의 근원이었습니다.
b. 제우스는 프로메테우스에게 벌을 내린 후 인간에게 다시 불을 빼앗았습니다.
c. 프로메테우스는 인간에게 과학의 도움을 받아 불을 만드는 방법을 알려주었습니다.
d. 프로메테우스는 불꽃을 식물에 숨겼는데, 그 식물도 인간에게 이로운 것이었기 때문입니다.

쓰기 유형

B 알맞은 단어를 써 넣어 문장을 완성하세요.

6. 인간을 창조하고 사랑했던 프로메테우스는 제우스의 불을 훔쳤고, 이는 그가 영원히 고통을 받게 했습니다. [stole fire from Zeus]

Vocabulary & Grammar

A 알맞은 단어를 골라 빈칸을 채우세요.

1. 프로메테우스는 귀중한 불꽃을 식물의 속이 빈 가운데에 숨겼습니다. [hollow]
2. 프로메테우스는 산 옆에 쇠사슬에 묶였고 평생을 고통받도록 남겨졌습니다. [suffer]
3. 프로메테우스는 인간을 매우 사랑했고 심지어 그들에게 예술과 과학에 대해 가르쳤습니다. [adored]
4. 제우스가 불을 빼앗아 간 후에 인간은 나약해지고 어둠 속에서 떨게 되었습니다. [shivered]
5. 프로메테우스는 제우스의 번개에서 불꽃 하나를 훔쳤습니다. [bolt]
6. 프로메테우스는 쇠사슬에 묶여 평생을 고통받았습니다. [eternity]

B 알맞은 단어를 골라 문장을 완성하세요.

그의 직업은 동물을 만들어 내는 것이었습니다. / to부정사

to부정사가 보어 자리에 오면 '~하는 것'이라는 의미의 명사적 용법으로 쓰인 경우입니다. worried, furious 등과 같이 감정을 나타내는 말 뒤에 오면 '~해서'의 의미로 부사적 용법으로 쓰인 경우입니다.

1. 제우스는 인간이 불을 사용하는 것을 보고 걱정이 되었습니다. [to see]
2. 프로메테우스는 불을 인간에게 되돌려주자고 제우스에게 간청했습니다. [to return]
3. 제우스는 프로메테우스가 자신에게서 불을 훔쳐 간 것을 알고 매우 화가 났습니다. [to notice]
4. 그는 프로메테우스가 산 옆에 쇠사슬로 묶여 있도록 명령했습니다. [to be chained]
5. 프로메테우스는 영원히 고통받도록 벌을 받았습니다. [to suffer]

Organization & Summary

A 문장들을 순서대로 배열하세요.

순서 〈어떻게 인간은 불을 얻게 되었나〉

- 신 프로메테우스는 인간을 창조하고 매우 사랑했습니다. [1]
- 프로메테우스는 불을 인간에게 되돌려주자고 제우스에게 간청했지만, 제우스는 결코 들으려 하지 않았습니다. [5]
- 프로메테우스는 인간에게 제우스의 불을 주었고, 이는 인간의 삶을 밝고 행복하게 만들었습니다. [2]
- 그래서 제우스는 인간에게서 불을 빼앗았습니다. [4]
- 제우스는 몹시 화가 나서 프로메테우스가 영원히 고통을 받도록 했습니다. [7]
- 프로메테우스는 제우스의 번개에서 불꽃 하나를 훔쳤습니다. [6]
- 올림포스 산의 신, 제우스는 불이 있으면 인간이 자신처럼 강해지고 지혜로워 질까봐 걱정했습니다. [3]

B 빈칸을 채워 요약문을 완성하세요.

프로메테우스는 인간을 만들어 냈고 인간에게 제우스의 불을 주었습니다. 인간은 불로 요리를 할 수 있었고 자신을 안전하게 지킬 수 있었습니다. 제우스는 인간이 자신처럼 강해지고 지혜로워 질까봐 걱정했습니다. 그래서 제우스는 인간에게서 불을 빼앗았습니다. 프로메테우스는 불을 인간에게 되돌려주자고 제우스에게 간청했습니다. 그러나 제우스는 결코 들으려 하지 않았습니다. 그래서 프로메테우스는 제우스의 번개에서 불꽃 하나를 훔쳤고 인간에게 주었습니다. 이는 제우스를 격노하게 만들었습니다. 제우스는 프로메테우스를 산 옆에 쇠사슬로 묶어서 그곳에서 영원히 고통을 받으라고 명령했습니다.

❶ created ❷ safe ❸ strong
❹ fire ❺ stole ❻ ordered

UNIT 19 Fingers, Stones, and Bones

| 본문 해석 | 손가락, 돌멩이, 그리고 뼈 p. 136

먼 옛날, 사람들은 숫자가 없었습니다. 그러나 그들은 (수를) 셀 수 있었습니다. 수학자들에 따르면 가장 먼저 수를 센 사람은 3만 년 전의 동굴 여인이었다고 합니다.

그녀는 최고의 사냥꾼을 자기의 남편으로 선택해야 했습니다. 그러나 사람들은 사냥꾼들이 얼마나 많은 사슴을 사냥했는지 셀 수가 없었습니다. 그 영리한 동굴 여인이 손가락 하나에 사슴 한 마리씩을 연결하기 시작했습니다. 그녀는 손가락 두 개로 사슴 두 마리를 세었습니다. 곧 그녀는 사슴 수를 세고 연결하기 위해 열 개의 손가락과 열 개의 발가락이 필요했습니다.

동굴인들은 돌멩이를 이용하기 시작했습니다. 돌멩이 하나는 사슴 한 마리, 돌멩이 두 개는 사슴 두 마리였습니다. 그러나 그들은 곧 많은 돌멩이들이 필요했습니다. 그래서 돌멩이를 사용하는 대신 그들은 수를 세기 위해 뼈를 사용하기 시작했습니다. 그들은 뼈 위에 선을 그었습니다. 뼈 위에 선 하나는 사슴 한 마리, 선 두 개는 사슴 두 마리를 의미했습니다. 최고의 사냥꾼은 뼈 위에 가장 많은 선이 있는 사냥꾼이었습니다.

오늘날, 우리는 1, 2, 또는 27과 같은 숫자를 사용합니다. 이 숫자는 고대 인도의 수학자들에 의해 발전되었습니다. 아랍 상인들은 유럽 국가들에 숫자의 사용을 퍼뜨렸습니다. 숫자를 아라비아 숫자라고 부르는 이유가 이 때문입니다.

| Vocabulary 해석 |

• count 세다: ⓥ 숫자나 양을 결정하다 • mathematician 수학자: ⓝ 수학을 잘하는 사람 • cavewoman 동굴 여자: ⓝ 동굴 안에 사는 여자 • match 연결시키다: ⓥ (두 사람이나 사물 사이에) 연관성을 만들거나 보다 • instead 대신에: ad 어떤 것의 자리에 또는 대안으로서 • scratch 긁힌 자국: ⓝ 어떤 것의 표면에 난 가는 자국 또는 상처 • develop 발달하다: ⓥ 경험을 통해서 습득하다 • trader 상인: ⓝ 물건을 사거나, 팔거나, 교환하는 사람

| 사진 해석 |

Maya numbers 마야 숫자

| Grammar Quiz: 전치사: for, on, by |

문장 ①과 ②에서 전치사를 찾으세요.

① for　　② on

| 배경지식 확인하기 | p. 135

1. 다른 숫자 뒤에 오는 숫자는 항상 1만큼 큽니다. [after]
2. 다른 숫자 앞에 오는 숫자는 항상 1만큼 적습니다. [less]
3. 서수는 어떤 것의 순서를 나타냅니다. [in order]

| 문제 정답 및 해석 | p. 138

Comprehension Checkup

A 가장 알맞은 답을 고르세요.

1. 본문은 주로 무엇에 관한 글인가요? [d]
   a. 사슴을 세는 방법　　b. 아라비아 숫자의 체계
   c. 유명한 인도의 수학자　　d. 숫자 세기의 역사

2. 처음으로 수를 센 사람은 어떻게 사슴을 세었나요? [d]
   a. 아라비아 숫자를 사용함으로써
   b. 돌과 사슴을 연결함으로써
   c. 뼈 위에 선을 그음으로써
   d. 사슴과 손가락, 발가락을 연결함으로써

3. 동굴인들은 왜 수를 세기 위해 뼈를 사용하기 시작했나요? [a]
   a. 너무 많은 돌멩이들을 사용해야 했습니다.
   b. 뼈가 돌보다 구하기 쉬웠습니다.
   c. 동굴 여인이 돌을 사용하고 싶어 했습니다.
   d. 뼈와 아라비아 숫자를 연결하는 것이 더 쉬웠습니다.

4. 왜 숫자는 아라비아 숫자라고 불렸나요? [a]

a. 아랍 상인들이 숫자를 유럽에 퍼뜨렸습니다.
b. 동굴인들의 문화가 아랍 국가로 이동했습니다.
c. 최초의 숫자 기록이 동굴에서 발견되었습니다.
d. 숫자가 고대 인도의 수학자들에 의해 발전되었습니다.

의도 파악 유형

5. 저자가 동굴 여인의 남편을 언급하는 이유는 무엇인가요? [c]
   a. 동굴인들의 생활 양식을 설명하기 위해서
   b. 동굴 여인이 얼마나 현명했는지를 강조하기 위해서
   c. 처음으로 수를 센 사람이 수를 세기 시작한 이유를 설명하기 위해서
   d. 동굴 여인이 수학자가 아니었다는 것을 증명하기 위해서

쓰기 유형

B 알맞은 단어를 써 넣어 문장을 완성하세요.

6. 동굴인들은 손가락과 발가락을 이용해 수를 세기 시작했고, 그 후에는 돌과 뼈를 사용했습니다. 이 후에, 고대 인도의 수학자들에 의해 숫자가 발전되었습니다. [fingers and toes, stones, bones]

Vocabulary & Grammar

A 알맞은 단어를 골라 빈칸을 채우세요.

1. 인도의 수학자들이 오늘날 우리가 쓰는 숫자를 발전시켰습니다. [mathematicians]
2. 처음으로 수를 센 사람은 사슴을 세기 위해 그녀의 손가락과 발가락을 사용했습니다. [count]
3. 동굴인들은 뼈에 선을 그었습니다. [scratches]
4. 1, 2, 또는 27과 같은 숫자는 고대인들에 의해 발전되었습니다. [developed]
5. 한 동굴 여인이 손가락 하나에 사슴 한 마리씩을 연결하기 시작했습니다. [cavewoman]
6. 동굴인들은 수를 세기 위해 돌을 사용하는 것 대신에 뼈를 사용하기 시작했습니다. [instead]

B 알맞은 단어를 골라 문장을 완성하세요.

그녀는 손가락 두 개로 사슴 두 마리를 세었습니다.
/ 전치사: for, on, by

전치사 for는 '(교환·등가의 대상을 나타내어)~에 대해'의 의미를 나타냅니다. 전치사 on은 '(접촉한 표면)~위에'의 의미가 있습니다. 전치사 by는 수동형 문장에서 행위자·창작자·유발자 등을 나타냅니다.

1. 돌멩이 하나는 사슴 한 마리, 돌멩이 두 개는 사슴 두 마리였습니다. [for, for]
2. 그들은 뼈 위에 선을 그었습니다. [on]
3. 최고의 사냥꾼은 뼈 위에 가장 많은 선이 있는 사냥꾼이었습니다. [on]
4. 이 숫자는 고대 인도의 수학자들에 의해 발전되었습니다. [by]
5. 숫자는 아랍 상인들에 의해 유럽으로 퍼졌습니다. [by]

Organization & Summary

A 빈칸을 채워 표를 완성하세요.

핵심 주제와 세부 사항 **〈핵심 주제: 숫자 세기의 역사〉**

세부 사항 1: 손가락과 발가락을 사용 1. Toes
- 손가락이나 발가락을 하나씩 각 사슴에 연결함 2. matching

세부 사항 2: 돌을 사용 3. Stones
- 돌멩이 하나 = 사슴 한 마리
- 너무 많은 돌멩이들이 필요함

세부 사항 3: 뼈를 사용
- 뼈 위에 선을 그음 4. scratches

세부 사항 4: 숫자를 사용 5. Numbers
- 고대 인도의 수학자들 → 숫자를 발전시킴 6. developed
- 아랍 상인들 → 숫자를 유럽에 퍼뜨림

B 빈칸을 채워 요약문을 완성하세요.

먼 옛날, 사람들은 숫자가 없었습니다. 그러나 그들은 (수를) 셀 수 있었습니다. 동굴 여인은 최고의 사냥꾼을 자기의 남편으로 선택해야 했습니다. 그녀는 수를 세기 위해 손가락과 발가락을 사용했습니다. 동굴인들은 각 사슴에 돌멩이 하나씩을 사용했습니다. 그러나 그들은 곧 너무 많은 돌멩이들을 사용해야 했습니다. 그래서 그들은 뼈 위에 선을 긋기 시작했습니다. 오늘날 우리는 아라비아 숫자를 사용합니다. 그 숫자는 고대 인도의 수학자들에 의해 발전되고 아랍 상인들에 의해 유럽에 퍼졌습니다.

❶ numbers ❷ husband ❸ Cave people
❹ bones ❺ Arabic ❻ traders

UNIT 20 A Smart Counter

| 본문 해석 | 영리한 계산원 p.142

밤이 되어 심프슨 씨는 가게 문을 닫으려고 준비 중이었습니다. "과일 가판대에 오렌지가 얼마나 남았는지 세어 보거라." 심프슨 씨가 점원인 마리오에게 말했습니다.
"...71, 72.... 아, 얼마나 세었는지 잊어버렸네!" 마리오는 투덜거렸습니다.
"얼마나 오랫동안 그걸 세고 있는 거니?" 심프슨 씨가 물었습니다.
"세야 할 오렌지가 너무 많아요." 마리오가 투덜거렸습니다.
"그걸 하나씩 세고 있었니?" 심프슨 씨가 물었습니다. 심프슨 씨는 마리오에게 봉투 꾸러미를 주었습니다.
"각 봉투에 오렌지를 열 개씩 담거라." 심프슨 씨가 말했습니다.
"왜 그래야 하죠?" 마리오는 혼란스러웠습니다.
그는 다시 오렌지를 열 개씩 세어서 각각의 봉투에 열 개씩 넣었습니다. 곧 그는 끝냈습니다.
"끝냈습니다. 봉투는 서른여섯 개고, 오렌지는 여덟 개가 남았네요." 마리오가 말했습니다.
"그렇다면 오렌지는 전부 368개겠구나." 심프슨 씨가 말했습니다.
"어떻게 그걸 정확히 아시나요?" 마리오가 놀라며 물었습니다.
"갯수가 많은 물건을 세야 할 때는, 먼저 그것들을 열 개씩 묶음으로 만들어라. 그러고 나서 묶음이 몇 개인지 세면 된단다." 심프슨 씨가 말했습니다.
"네, 36개의 묶음이 있으니, 그건 오렌지가 360개란 뜻이겠네요. 그리고 8개를 더하면 오렌지는 368개입니다." 마리오가 말했습니다.
"너는 아주 영리한 계산원이구나!" 심프슨 씨가 말했습니다.

| Vocabulary 해석 |

• stand 판매대: ⓝ 작고 가벼운 테이블 • clerk 점원: ⓝ 가게에서 일하는 사람 • forget 잊어버리다: ⓥ (무언가를) 생각하거나 기억하지 못하다 • grumble 투덜대다: ⓥ 무언가에 대해서 조용하게 불평하다 • pile 더미: ⓝ 서로 겹쳐진 물건들의 집합 • confused 혼란스러운: ⓐ 분명히 이해하거나 생각할 수 없는 • total 합계: ⓝ 전체 양 • pinpoint 정확히 찾아내다: ⓥ 확실하게 (어떤 것을) 알아내다

| Grammar Quiz: 현재완료 (have + p.p.) |

문장 ①과 ②에서 현재완료 동사를 찾으세요.
① ve'(have) counted ② ve'(have) finished

| 배경지식 확인하기 | p.141

1. 덧셈은 숫자를 합치는 것을 의미합니다. [together]
2. 2 더하기 3은 5와 같습니다. [equals]
3. '+' 부호는 덧셈을 나타냅니다. [adding]

| 문제 정답 및 해석 | p.144

Comprehension Checkup

A 가장 알맞은 답을 고르세요.

1. 본문은 주로 무엇에 관한 글인가요? [c]
   a. 과일을 파는 방법
   b. 영리한 점원을 찾는 방법
   c. 묶음으로 수를 세는 방법
   d. 최고의 오렌지를 고르는 방법

2. 마리오는 처음에 오렌지를 어떻게 세었나요? [a]
   a. 한 개씩 b. 두 개씩

c. 세 개씩　　　　d. 네 개씩

3. 마리오는 오렌지를 열 개씩 묶음으로 센 후에 무엇을 했나요?
   a. 그는 그것들을 봉투에 담았습니다. [a]
   b. 그는 그것들을 한 개씩 세었습니다.
   c. 그는 그것들을 심프슨 씨에게 주었습니다.
   d. 그는 그것들을 과일 가판대에 진열했습니다.

4. 몇 개의 봉투가 있었고 몇 개의 오렌지가 남았나요? [a]
   a. 봉투는 서른여섯 개고, 오렌지는 여덟 개가 남았습니다.
   b. 봉투는 서른여덟 개고, 오렌지는 여섯 개가 남았습니다.
   c. 봉투는 삼백 개고, 오렌지는 한 개도 남지 않았습니다.
   d. 봉투는 삼백 개고, 오렌지는 여덟 개가 남았습니다.

추론 유형

5. 열 개씩 쉰네 개의 묶음이 있고 일곱 개의 오렌지가 남아 있다면, 전체 오렌지의 개수는 547개입니다. [c]

쓰기 유형

B 알맞은 단어를 써 넣어 문장을 완성하세요.

6. 갯수가 많은 물건을 셀 때는, 먼저 열 개를 하나의 묶음으로 만드세요. 그리고 나서 묶음이 몇 개인지 세어 보세요. 그것에 10을 곱하고 남은 것들의 숫자를 더하세요.
   [put them into groups of]

Vocabulary & Grammar

A 알맞은 단어를 골라 빈칸을 채우세요.

1. 심프슨 씨는 마리오에게 봉투 꾸러미를 주었습니다. [pile]
2. 내가 얼마나 세었는지 잊어버렸네! [forgot]
3. 마리오는 왜 그것을 해야하는지 혼란스러웠습니다. [confused]
4. 과일 가판대에 많은 오렌지들이 남아 있었습니다. [stand]
5. 마리오는 세어야 할 오렌지가 너무 많았기 때문에 투덜거렸습니다. [grumbled]
6. 총 368개의 오렌지가 남아 있었습니다. [total]

B 알맞은 단어를 골라 문장을 완성하세요.

얼마나 세었는지 잊어버렸네! / 현재완료 (have+p.p)

현재완료는 'have+과거분사'의 형태로 과거에 시작된 일이나 상황이 현재까지 영향을 미치고 있음을 나타냅니다. 'have+been+~ing'는 현재완료진행으로 과거에 시작한 행동이 현재에도 진행 중임을 나타냅니다.

1. 얼마나 오랫동안 그걸 세고 있는 거니? [have you been counting]
2. 그걸 하나씩 세고 있었니? [Have you]
3. 당신이 몇 개의 묶음을 만들었는지 세어 보세요. [have made]
4. 당신은 제가 만났던 계산원들 중에 가장 영리한 계산원이에요. [have met]
5. 얼마나 세었는지 잊어버렸네! [have counted]

Organization & Summary

A 문장들을 순서대로 배열하세요.

순서 〈묶음을 만들어 수를 세는 방법〉

- 심프슨 씨는 점원인 마리오에게 과일 가판대에 오렌지가 몇 개나 남았는지 세어 보도록 시켰습니다. [1]
- 심프슨 씨는 마리오에게 봉투 꾸러미를 주며 각 봉투에 오렌지를 열 개씩 담으라고 했습니다. [3]
- 마리오는 총 368개의 오렌지가 있다는 것을 셀 수 있었습니다. [5]
- 마리오는 서른여섯 개의 묶음을 만들었고, 여덟 개의 오렌지가 남았습니다. [4]
- 마리오는 세야 할 오렌지가 너무 많아서 몇 개를 세었었는지 잊어버렸다며 투덜거렸습니다. [2]

B 빈칸을 채워 요약문을 완성하세요.

심프슨 씨는 점원인 마리오에게 과일 가판대에 오렌지가 얼마나 남았는지 세어보라고 하였습니다. 그러나 세야 할 오렌지가 너무 많았습니다. 마리오는 얼마나 세었었는지 잊어버렸습니다. 심프슨 씨는 각 봉투에 오렌지를 열 개씩 담으라고 하였습니다. 봉투는 서른여섯 개고, 오렌지는 여덟 개가 남았습니다. 심프슨 씨는 오렌지는 368개라고 정확하게 알았습니다. "갯수가 많은 물건을 셀 때는, 먼저 열 개를 하나의 묶음으로 만들어라. 그러고 나서 묶음이 몇 개인지 세면 된단다." 심프슨 씨가 말했습니다.

❶ clerk　❷ forgot　❸ put
❹ left　❺ pinpointed　❻ group

p.39

A 알맞은 단어를 골라 문장을 완성하세요.

1. 선인장이 사막에서 살아남을 수 있는 식물 중 하나입니다. [c]
   a. 사냥하다 b. 도달하다
   c. 살아남다 d. 고갈되다

2. 사막에서는 낮과 밤 사이에 급격한 기온 차이가 있습니다. [c]
   a. 영양소 b. 종
   c. 기온 d. 센티미터

3. 지구에 있는 물의 97%는 바다로부터의 소금물입니다. [b]
   a. 서식지 b. 바다
   c. 숲 d. 호수

4. 공기 중의 수증기는 작은 물방울로 응결됩니다. [a]
   a. 응결되다 b. 재생되다
   c. 가열하다 d. 증발하다

5. 작은 물방울들은 공기 중의 수증기로부터 만들어집니다. [c]
   a. 근육 b. 기온
   c. 물방울 d. 기후

6. 앨리게이터와 크로커다일은 열대기후에서 서식하는 포식 동물입니다. [a]
   a. 포식 동물 b. 근육
   c. 지역 d. 턱

7. 앨리게이터는 크로커다일보다 상대적으로 더 약합니다. [b]
   a. 충분히 b. 상대적으로
   c. 훌륭한 d. 반대되는

8. 이제, 여러분은 앨리게이터와 크로커다일을 구분할 수 있나요? [c]
   a. (돈을) 쓰다, (시간을) 보내다 b. 남아 있다
   c. 구분하다 d. 공격하다

9. 북극의 영구 동토층은 일년 내내 얼어 있습니다. [a]
   a. 얼어붙은 b. 습한
   c. 이국적인 d. 훌륭한

10. 이국적인 화초, 곤충, 원숭이, 대부분의 약용 식물들을 열대우림에서 찾을 수 있습니다. [c]
   a. 맨, 벌거벗은 b. 낙엽성의
   c. 약용의, 약효가 있는 d. 광활한

B 밑줄 친 부분을 알맞게 고쳐 쓰세요.

1. 낮 동안에는 태양열이 대지와 공기를 뜨겁게 달굽니다. [makes]

2. 북미산 토끼, 방울뱀, 선인장굴뚝새 정도가 사막에서 살 수 있는 동물들입니다. [are]

3. 이 동물들은 기온이 더 서늘한 밤에 사냥합니다. [hunt]

4. 물은 순환으로 끊임없이 재생됩니다. [is]

5. 담수의 주요 원천은 바닷의 소금물입니다. [is]

6. 앨리게이터는 크로커다일보다 더 작지만, 더 빠릅니다. [faster]

7. 크로커다일은 앨리게이터보다 더 포악하고 더 사납습니다. [meaner]

8. 수목 한계선은 북극의 영구 동토층의 시작점을 나타냅니다. [marks]

9. 열대림은 적도 근처에서 발견됩니다. [are found]

10. 이국적인 화초, 곤충, 원숭이, 대부분의 약용 식물들이 열대림에서 발견됩니다. [are found]

Units 5 ~ 8

p. 65

A 알맞은 단어를 골라 문장을 완성하세요.

1. 많은 곤충들은 큰 눈과 더듬이 두개가 있습니다. [c]
   a. 바퀴벌레 b. 배(복부)
   c. 더듬이 d. 표면

2. 며칠 후, 애벌레는 완전히 고치로 변합니다. [c]
   a. 살다 b. 부화하다
   c. 변하다 d. ~로 구성되다

3. 벌들은 이 꽃 저 꽃으로 꽃가루를 옮김으로써 우리가 식량을 재배하는 데 도움을 줍니다. [d]
   a. 농작물 b. 먼지
   c. 애벌레 d. 꽃가루

4. 우리 태양계의 행성들은 두 그룹으로 나누어집니다. [c]
   a. 변한 b. 받은
   c. 나누어진 d. 회전하는

5. 내행성들은 암석으로 된 표면이 있고, 그들 주변에 고리는 없습니다. [a]
   a. 표면 b. 영양소
   c. 물체 d. 날씨

6. 수성과 금성을 제외한 모든 행성들에는 위성이 있습니다. [c]
   a. ~할 때, ~하면서 b. ~보다
   c. ~을 제외한 d. ~와는 달리

7. 어떤 지역에서는 한해 동안 계절이 바뀝니다. [d]
   a. ~로 b. ~가까이에
   c. ~사이에 d. ~동안 쭉, 내내

8. 어떤 열대지역은 일년 내내 비가 아주 많이 옵니다. [a]
   a. 받다 b. 찾다
   c. 눕다 d. 얼다

9. 전구는 빛의 인공적인 원천의 한 종류입니다. [c]
   a. 해로운 b. 다양한
   c. 인공적인 d. 얼음에 뒤덮인

10. 빛의 속도는 움직이는 그 어떤 것 중에서 가장 빠릅니다. [a]
    a. 움직이다 b. 반사하다
    c. 궤도를 돌다 d. 튀다

B 밑줄 친 부분을 알맞게 고쳐 쓰세요.

1. 며칠 후, 애벌레는 고치로 완전히 변합니다. [totally]

2. 어떤 사람들은 곤충들이 혐오스럽다고 말합니다. [disgusting]

3. 지구는 물과 산소를 가진 유일한 행성입니다. [that(which)]

4. 위성들은 행성 주위의 궤도를 도는 물체들입니다. [that(which)]

5. 한대기후는 북극과 남극 인근에서 발견됩니다. [near]

6. 일년 내내 덥고 건조한 날씨를 가진 지역이 있습니다. [with]

7. 이 지역은 적도에 가까이 있습니다. [to]

8. 이 지역은 북회귀선과 남회귀선 사이에 걸쳐 있습니다. [between]

9. 우리는 어떤 원천에서 나오는 빛이 물체에 부딪혀 우리 눈을 향해 튕겨나갈 때만 물체를 보게 됩니다. [when]

10. 여러분이 전구를 켜자마자(켤 때) 방은 밝아집니다. [as soon as(when)]

p.93

A 알맞은 단어를 골라 문장을 완성하세요.

1. 고대 이집트의 나일 강은 사막지대에 비옥하고 푸른 협곡을 만들어냈습니다. [a]
   a. 비옥한 b. 웅장한
   c. 고대의 d. 유명한, 잘 알려진

2. 수백만 명의 노동자가 대피라미드와 스핑크스를 만들었습니다. [c]
   a. 읽었다 b. 가르쳤다
   c. 만들었다 d. 살아남았다

3. 나일 강이 없었다면 아무것도 그 지역에서 살아남지 못했을 겁니다. [b]
   a. ~로 b. ~없이는
   c. ~을 통해서 d. ~로부터

4. 미국은 1776년에 영국 왕으로부터 독립을 선언했습니다. [b]
   a. 가져왔다 b. 선언했다
   c. 나누었다 d. 환영했다

5. 프랑스는 미국과의 우정을 기억하고 싶었습니다. [d]
   a. 새기다 b. 구입하다
   c. 수송하다 d. 기억하다

6. 배를 통해 미국으로 들어오는 이민자들은 자유의 여신상의 환영을 받았습니다. [d]
   a. 변호사 b. 대통령
   c. 여신 d. 이민자

7. 에이브러햄 링컨의 가족은 가난했기에, 그는 거의 독학을 했습니다. [d]
   a. 선출된 b. 유명한
   c. 잘 알려진 d. 독학한

8. 게티즈버그 연설은 인간이 생존하기 위해 자유가 어떻게 필요한지에 대한 짧은 연설이었습니다. [c]
   a. 전쟁 b. 법
   c. 연설 d. 헌법

9. 앤은 헬렌의 손에 물을 쏟았습니다. [c]
   a. 고용했다 b. 썼다
   c. 쏟았다 d. 배웠다

10. 앤은 헬렌의 손바닥에 손가락으로 W-A-T-E-R라고 썼습니다. [d]
   a. 작가 b. 책
   c. 목표 d. 손바닥

B 밑줄 친 부분을 알맞게 고쳐 쓰세요.

1. 이 비옥한 땅은 세계에서 가장 오래된 문명 중 하나를 가능하게 했습니다. [oldest]

2. 나일 강은 내륙에서 바다로 여행할 수 있는 가장 빠르고 가장 쉬운 방법이었습니다. [quickest]

3. 고대 이집트는 고대 세계에서 가장 강력한 제국이 되었습니다. [in]

4. 그것은 영국 왕으로부터의 독립 선언을 축하하기 위한 선물이었습니다. [to celebrate]

5. 자유의 여신은 오른손에 이성의 빛을 밝히는 횃불을 들고 있습니다. [to shine]

6. 링컨은 대중들에게 많은 연설을 했습니다. [to the public]

7. 게티즈버그 연설은 북부에게 많은 지지를 주었습니다. [to]

8. 그녀는 많은 연설을 했으며 도움이 필요한 사람들을 위해 기금을 모았습니다. [who(that)]

9. 보지도 듣지도 못하는 한 아이가 있었습니다. [who(that)]

10. 'The Frost King(서리왕)'을 쓴 사람은 헬렌 켈러입니다. [who(that)]

Units 13 ~ 16

p. 119

A 알맞은 단어를 골라 문장을 완성하세요.

1. 제임스 왕은 청교도들이 그들의 종교를 믿는 것을 허락하지 않았습니다. [c]
   a. 수확하다 b. 심다
   c. (종교를) 실행하다 d. 초대하다

2. 겨울이 길어져서 겨우 50명만이 살아남았습니다. [a]
   a. 길어졌다 b. 떠났다
   c. 가르쳤다 d. 채택했다

3. 이주 이전에 서부 지역은 북미 원주민들에 의해 점령되었습니다. [d]
   a. 발견된 b. 도달된
   c. 강요된 d. 점령된

4. 캘리포니아의 광산에서 금이 발견되었습니다. [b]
   a. 마차 b. 광산
   c. 부분 d. 지역 사회

5. 시민이 그들의 삶을 더 좋게 만들기 위한 공통적인 규칙이 있습니다. [c]
   a. 제공된 b. 어린
   c. 공통의 d. 친절한

6. 투표는 시민의 매우 중요한 의무입니다. [d]
   a. 정부 b. 존경
   c. 신호 d. 의무

7. 시민은 투표를 통해 그들을 가장 잘 대표할 사람을 선택해야 합니다. [a]
   a. 대표하다 b. 따르다, 지키다
   c. (소유권을) 주장하다 d. 찾다

8. 중국인들은 그리운 조상들을 위해 저녁 식탁에 별도의 공간을 마련합니다. [c]
   a. 춤추는 b. 시끄러운
   c. 그리운 d. 힘이 센

9. 문을 여는 것은 묵은 해를 나가게 하고 새해를 환영하는 것입니다. [d]
   a. 마련하다 b. 걸다
   c. 입다 d. ~하게 하다

10. 중국인들은 붉은색이 행운을 가져다 준다고 믿습니다. [a]
    a. 행운 b. 축제
    c. 봄 d. 봉투

B 밑줄 친 부분을 알맞게 고쳐 쓰세요.

1. 그들은 이 새로운 땅을 뉴잉글랜드라고 불렀습니다. [New England]
2. 그들은 또한 청교도들에게 어떻게 농작물과 채소를 심는지 보여주었습니다. [the Pilgrims]
3. 그들은 마차 행렬에 올라 먼 거리를 여행했습니다. [in]
4. 그곳으로 이주해 간 사람들은 그 땅을 자신들의 것이라 주장했습니다. [as]
5. 이러한 이주는 캘리포니아 골드러시라고 알려졌습니다. [as]
6. 시민은 법을 준수하고 세금을 내야 합니다. [obey]
7. 여러분은 사람들에게 무례한 말을 하면 안됩니다. [should]
8. 설 전날 밤 자정에 사람들은 문과 창문을 열어 놓습니다. [windows]
9. 이는 묵은 해를 나가게 하고 새해를 환영하는 것입니다. [welcomes]
10. 사람들은 긴 용 의상을 갖춰 입고 거리에서 춤을 춥니다. [dance]

A 알맞은 단어를 골라 문장을 완성하세요.

1. 마녀 할멈은 마법의 물약을 만들 수 있었습니다. [b]
   a. 주문 b. 물약, 묘약
   c. 조카 d. 용서

2. 빅 앤서니가 주문을 걸자, 솥은 먹음직스런 파스타로 가득 찼습니다. [c]
   a. 잘못된 b. 영리한
   c. 먹음직스런, 구미가 당기는 d. 강력한

3. 마녀 할멈의 솥은 파스타로 넘쳐흘렀습니다. [a]
   a. 넘쳐흘렀다 b. 끓었다
   c. 반복했다 d. 애원했다

4. 프로메테우스는 인간을 매우 사랑했고 인간에게 예술에 대해 가르쳤습니다. [c]
   a. 옮겼다 b. 훔쳤다
   c. 좋아했다 d. 떨었다

5. 제우스는 인간이 자신처럼 강해질까봐 걱정이 되어서, 인간에게서 불을 빼앗았습니다. [b]
   a. ~위에 b. 떨어져
   c. 위로 d. 밖으로

6. 프로메테우스는 식물의 속이 빈 가운데에 숨겨진 귀중한 불꽃을 옮겼습니다. [d]
   a. 강한 b. 혼란스러운
   c. 몹시 화난 d. 텅 빈

7. 동굴 여인은 사슴 수를 세기 위해 열 개의 손가락과 열 개의 발가락이 필요했습니다. [b]
   a. 거래하다 b. (수를) 세다
   c. 의미하다 d. 사용하다

8. 최고의 사냥꾼은 뼈 위에 가장 많은 선이 있는 사냥꾼이었습니다. [c]
   a. 숫자 b. 상인
   c. 긁힌 자국 d. 점원

9. 심프슨 씨는 마리오에게 봉투 꾸러미를 주었습니다. [b]
   a. 가판대 b. 꾸러미, 더미
   c. 뼈 d. 허드렛일

10. 팔 더하기 삼백육십은 삼백육십팔입니다. [d]
   a. 주문하다, 명령하다 b. 보내다
   c. 놓다, 두다 d. ~와 같다

B 밑줄 친 부분을 알맞게 고쳐 쓰세요.

1. 빅 앤서니는 마녀 할멈이 파스타 냄비에 주문을 거는 것을 들었습니다. [singing(sing)]
2. 빅 앤서니는 마녀 할멈이 냄비에 세 번 키스하는 것을 보지 못했습니다. [that]
3. 빅 앤서니는 집 전체에 파스타가 흐르는 것을 보았습니다. [flowing(flow)]
4. 그의 일은 동물을 만들어 내는 것이었습니다. [create]
5. 제우스는 인간이 불을 사용하는 것을 보고 걱정했습니다. [to see]
6. 돌멩이 하나는 사슴 한 마리였습니다. [for]
7. 그들은 뼈 위에 선을 그었습니다. [on]
8. 이 숫자는 고대 인도의 수학자들에 의해 발전되었습니다. [by]
9. 저는 얼마나 세었는지 잊어버렸어요! [counted]
10. 얼마나 오랫동안 그걸 세고 있는 거니? [counting]

미국교과서 READING Level 5 권별 리딩 주제

1권
5.1

1. Earth's Land
2. Earth's Water
3. Animals
4. Earth's Land
5. Animals
6. Our Earth
7. Weather
8. Forces and Energy
9. Earth's Physical Geography
10. American History
11. Figures in American History
12. Figures in American History
13. Cultures in the United Statesd
14. American History
15. Community
16. World History
17. Folktale
18. Myth
19. Numbers
20. Counting

2권
5.2

1. Weather and Climate
2. Seasons
3. Ecosystems
4. Plants
5. Animals
6. The Solar System
7. Geology
8. Matter
9. Earth's Physical Geography
10. World History
11. Figures in American History
12. Figures in American History
13. American History
14. American History
15. Environment
16. Culture
17. Legend
18. Folktale
19. Estimation
20. Counting

3권
5.3

1. Weather and Climate
2. Environment
3. Living Things
4. Plants
5. Animals
6. The Solar System
7. Geology
8. Matter
9. Earth's Physical Geography
10. World History
11. Figures in American History
12. American History
13. World History
14. Natural Disasters
15. Environment
16. Culture
17. Fiction
18. Folktale
19. Fractions
20. Numbers